ÉCOLES ET EMPLOIS PUBLICS EN ALGÉRIE.

GUIDE DU CANDIDAT

AUX

FONCTIONS PUBLIQUES

EN ALGÉRIE,

CONDITIONS A REMPLIR, FONCTIONS, RÈGLES
DISCIPLINAIRES, TRAITEMENT, AVANCEMENT, ETC.,

PAR

Léon BACRI,

Ancien élève de l'École centrale, agent de la voirie départementale d'Alger.

PARIS,
CHALLAMEL ET Cie, ÉDITEURS,
LIBRAIRIE ALGÉRIENNE ET COLONIALE,
5, RUE JACOB, ET RUE DE FORSTENBERG, 2
1888.

GUIDE DU CANDIDAT

AUX

FONCTIONS PUBLIQUES

EN ALGÉRIE.

TYPOGRAPHIE FIRMIN-DIDOT. — MESNIL (EURE).

GUIDE DU CANDIDAT

AUX

FONCTIONS PUBLIQUES

EN ALGÉRIE,

CONDITIONS A REMPLIR, FONCTIONS, RÈGLES
DISCIPLINAIRES, TRAITEMENT, AVANCEMENT, ETC.,

PAR

Léon BACRI,

Ancien élève de l'École centrale, agent de la voirie départementale d'Alger.

PARIS,

CHALLAMEL ET Cⁱᵉ, ÉDITEURS,

LIBRAIRIE ALGÉRIENNE ET COLONIALE,

5, RUE JACOB, ET RUE DE FURSTENBERG, 2

1888.

A MONSIEUR H. PAUL,

PRÉFET D'ALGER,

HOMMAGE DE SON TRÈS DÉVOUÉ

Léon BACRI.

PRÉFACE.

Le titre que nous avons donné à cet ouvrage en indique suffisamment le contenu. Il montre en peu de mots quelle en est l'utilité.

Nous avons, dans une sorte de dictionnaire, développé tous les emplois particuliers à l'Algérie. Les conditions à remplir pour les candidats à ces emplois, les traitements, les débuts, l'avancement dans la carrière, en un mot tous les renseignements nécessaires pour éclairer le chef de famille soucieux de l'avenir de ses enfants.

En composant ce modeste livre, nous croyons remplir un but louable, celui d'être utile à nos concitoyens.

Notre travail s'est borné uniquement à rassembler des documents disséminés dans une foule d'ouvrages, notre seul mérite est d'avoir eu l'idée et le courage de le faire.

LÉON BACRI.

Alger, 15 mars 1888.

GUIDE DU CANDIDAT

AUX

FONCTIONS PUBLIQUES

EN ALGÉRIE.

I.

GOUVERNEMENT GÉNÉRAL DE L'ALGÉRIE.

Les bureaux du gouvernement général de l'Algérie
sont dirigés par le secrétaire général du gouvernement, chargé, sous l'autorité du gouverneur général,
de la centralisation et de l'expédition des affaires
administratives.

Ces bureaux sont au nombre de six, non compris
le cabinet du secrétaire général.

DES CADRES ET DE L'ADMISSION DANS LES CADRES.

Le personnel titulaire des bureaux du gouvernement général est composé ainsi qu'il suit :

6 chefs de bureau,

12 sous-chefs de bureau,

13 commis principaux,

13 commis rédacteurs,

5 commis de comptabilité,

12 commis ordinaires.

En dehors des cadres ainsi constitués il est prévu :

Un chef de cabinet du secrétaire général du gouvernement, 4 commis ordinaires attachés aux cabinets du gouverneur général et du secrétaire général.

Un commis ordinaire au secrétariat du conseil de gouvernement.

Un commis de comptabilité chargé du matériel.

Le service d'expédition est assuré par des auxiliaires, dont le nombre est déterminé d'après les besoins du service.

TRAITEMENTS.

Les traitements de ces divers emplois sont fixés de la manière suivante :

Chefs de bureau	de 1re classe..	9.000 fr.
—	de 2e classe..	8.000
Sous-chefs de bureau...	de 1re classe..	7.000
	de 2e classe..	6.000
	de 3e classe..	5.000
Commis principaux.....	de 1re classe..	4.000
	de 2e classe..	3.500
	de 3e classe..	3.000
Rédacteurs	de 1re classe..	2.700
	de 2e classe..	2.400
	de 3e classe..	2.100

Commis de comptabilité	de 1re classe..	4.000
	de 2e classe..	3.600
	de 3e classe..	3.300
Expéditionnaires	de 1re classe..	3.000
	de 2e classe..	2.700
	de 3e classe..	2.400
	de 4e classe..	2.100
	de 5e classe..	1.800
	de 6e classe..	1.500

NOMINATION AUX EMPLOIS.

Les employés de tous grades sont nommés par le gouverneur général.

Les chefs de bureau sont choisis parmi les sous-chefs des bureaux du gouvernement général, et dans le personnel supérieur des services administratifs.

Les fonctions de chefs et de sous-chefs peuvent être en outre remplies exceptionnellement, par des employés supérieurs appartenant à des services spéciaux et détachés dans les bureaux du gouvernement général.

Les autres employés détachés de ces services figurent dans le personnel, soit hors cadres, soit comme tenant lieu de l'un des emplois de commis principal, ou de rédacteur prévus dans le cadre général que nous avons développé ci-dessus.

RECRUTEMENT DES EMPLOYÉS.

Tout aspirant à un emploi de début dans les bureaux du gouvernement général doit justifier :

Qu'il est Français et s'il a plus de vingt-et-un ans, qu'il a satisfait à la loi sur le recrutement.

Qu'il a plus de vingt et un ans et moins de trente ans, s'il est candidat à l'emploi de commis rédacteur.

Plus de dix-huit ans et moins de trente-six ans, s'il est candidat à l'emploi de commis ordinaire.

COMMIS ORDINAIRES.

Les aspirants aux emplois de commis ordinaires sont soumis à un examen.

Ils sont nommés par le gouverneur général au vu des résultats de cet examen.

La moitié des emplois de commis ordinaires est réservée aux sous-officiers des armées de terre et de mer, remplissant les conditions prévues par la loi du 24 juillet 1873.

Nous indiquons à la fin de l'ouvrage, à l'article emplois réservés aux sous-officiers les conditions de capacité exigées de cette catégorie de candidats.

Les commis ordinaires qui remplissent d'ailleurs les conditions d'âge et de capacité exigées des candidats à l'emploi de commis rédacteurs, peuvent toujours concourir pour ce dernier emploi.

S'ils sont reconnus admissibles à la suite du concours ils passent dans la catégorie des commis rédacteurs avec le traitement qu'ils possèdent.

Si ce traitement est inférieur à 2,100 francs, traitement de début des commis rédacteurs, ce dernier leur est acquis de plein droit.

COMMIS DE COMPTABILITÉ.

Les commis ordinaires de 1re classe comptant au moins trois ans de grade et ayant justifié de connaissances spéciales en comptabilité et en statistique, peuvent être nommés commis de comptabilité de 3e classe.

COMMIS RÉDACTEURS.

Les candidats aux emplois de commis-rédacteur, doivent justifier d'un diplôme de bachelier ès-sciences ou ès-lettres complet ou du certificat supérieur d'études de législation algérienne et de coutumes indigènes.

Les commis rédacteurs sont admis par la voie du concours :

Néanmoins sont dispensés du concours, les élèves des écoles spéciales du gouvernement et les commis rédacteurs de 1re et de 2e classe des préfectures, reconnus admissibles au grade de commis principal de préfecture de l'Algérie.

Ces derniers sont admis dans les bureaux du gouvernement général avec le traitement qu'ils possèdent.

Toutefois, leur ancienneté dans leur nouvel emploi ne court que du jour de la nomination à cet emploi.

DE L'AVANCEMENT.

L'avancement des employés a lieu par grade et par classe de traitement dans chaque grade.

Il est donné, selon les vacances dans l'ensemble de chaque grade, d'après les ressources budgétaires, et conféré par le gouverneur général au vu du tableau d'avancement.

Aucun employé ne peut, même à titre exceptionnel, recevoir plus d'un avancement chaque année.

COMMIS PRINCIPAUX.

Nul ne peut être nommé commis principal s'il n'a subi au préalable, avec succès, un examen constatant ses aptitudes à ce grade.

Peuvent être admis à subir l'examen pour le grade de commis principal.

Les commis rédacteurs de 1re classe au gouvernement général.

Les commis principaux de préfecture ainsi que les administrateurs de 5e classe et les adjoints de 1re classe.

SERVICES ADMINISTRATIFS PROVINCIAUX.

Les commis rédacteurs et les commis principaux du gouvernement général peuvent être appelés, sur leur demande, aux emplois dont le gouverneur général a la nomination, dans les services administratifs de l'Algérie.

A la fin de chaque semestre, le conseil d'administration, en établissant le tableau d'avancement, dresse la liste des chefs, sous-chefs et employés du gouvernement général, aptes à exercer des fonctions publiques et qui se font inscrire comme candidats à ces fonctions.

SERVICE MILITAIRE.

Les employés appelés à la loi militaire conservent leur position dans les cadres des bureaux du gouvernement général, pendant toute la durée de leur présence sous les drapeaux.

Toutefois leur traitement demeure suspendu.

DE LA DISCIPLINE.

Les employés de tous grades des bureaux du gouvernement général ne peuvent contracter mariage qu'après l'autorisation du gouverneur général.

Tout employé qui contreviendrait à la disposition qui précède, serait considéré comme démissionnaire. Les infractions aux règles de service et les écarts de la conduite privée donnent lieu aux peines disciplinaires suivantes :

Réprimande,

Retenue disciplinaire de un à trente jours de solde,

Retrait d'un grade ou d'une classe,

Révocation.

DIVISION ET ATTRIBUTIONS DES BUREAUX.

Les six bureaux ont des attributions respectives
qui sont :

1er *Bureau.*

1re SECTION : rattachée pour ordre au 1er bureau
et placée sous les ordres directs du secrétaire général. — Personnel administratif des départements.
— Consulats. — Service des passagers.

2e SECTION : statistique générale. — Police générale. — Presse. — Bulletin et Mobacher. — Sociétés de
tir. — Cultes-Publications. — Missions. — Beaux-
arts. — Récompenses honorifiques.

2e *Bureau.*

1re SECTION : divisions administratives. — Élec-
tions. — Contentieux électoral. — Administration
départementale. — Conseils généraux. — Chemins
vicinaux.

2e SECTION : Administration communale. — Voirie
urbaine. — Instruction publique. — Postes et télégraphes.

3e *Bureau.*

1re SECTION : Colonisation. — Travaux de colonisation.

2e SECTION : Routes nationales et départementales.
— Chemins de fer. — Travaux des ports. — Dessèche-

ments hydrauliques. — Services des affaires maritimes. — Mines et forages.

4ᵉ *Bureau.*

1ʳᵉ Section : Enregistrement et timbre. — Domaine de l'État. — Séquestre.

2ᵉ Section : Propriété indigène. — Topographie et levés généraux.

3ᵒ Section : État civil des indigènes. — Expropriation.

5ᵉ *Bureau.*

1ʳᵉ Section : Contributions directes. — Contributions diverses.

2ᵉ Section : Forêts. — Agriculture. — Commerce. — Poids et mesures. — Exportation. — Événements calamiteux. — Banques et sociétés de crédit.

6ᵉ *Bureau.*

1ʳᵉ Section : Comptabilité générale. — Budgets départementaux. — Service intérieur et matériel. — Pensions civiles.

2ᵉ Section : Assistance publique et hospitalière.— Médecins de colonisation.

EXAMEN DES CANDIDATS AUX EMPLOIS
DE COMMIS RÉDACTEUR.

Les épreuves sont divisées en deux parties, savoir :
1° Épreuves écrites.
2° Épreuves orales.

1° *Épreuves écrites.*

Composition sur un sujet relatif à la législation administrative et portant sur une ou plusieurs des matières comprises dans le programme de l'examen oral.

2° *Épreuves orales.*

1° Organisation et attribution des pouvoirs de l'État. — Pouvoir législatif. — Pouvoir exécutif. — Conseil d'État. — Cours et tribunaux. — Cour des comptes. — Conseil de préfecture. — Conseils généraux. — Conseils municipaux.

2° Du principe de la séparation des pouvoirs.

3° Budgets de l'État des départements et des communes (recettes et dépenses).

4° Domaine public. — Domaine de l'État. — Domaine départemental. — Domaine communal.

5° De l'assistance publique. — Hôpitaux. — Hospices et bureaux de bienfaisance. — Aliénés et enfants assistés.

6° Des mines, minières et carrières.

7° De la grande et petite voirie.

8° Régime des eaux.

9° Régime forestier. — Bois et forêts appartenant aux particuliers, aux communes et à l'État.

10° Des institutions établies dans l'intérêt de l'agriculture et de l'industrie. — Comices agricoles. — Chambres de commerce. — Banques.

11° Police sanitaire. — Police médicale. — Police industrielle. — Établissement dangereux. — Insalubres ou incommodes.

12° Force publique. — Organisation de l'armée. — Recrutement. — Gendarmerie.

EXAMEN DES CANDIDATS AU GRADE
DE COMMIS PRINCIPAL.

Nous avons indiqué précédemment que ce grade est donné au concours.

Toutefois quand une seule place est mise au concours le candidat classé avec le numéro 2 est déclaré admissible s'il a obtenu un nombre de points égal au $7/10^e$ du maximum fixé par la Commission et est nommé dès qu'une nouvelle vacance se produit.

Le programme des connaissances exigées est fixé ainsi qu'il suit.

Épreuves écrites.

1° Examen critique d'un dossier concernant une affaire litigieuse ou un projet d'arrêté administratif.

2° Rapport sur un sujet donné en matière administrative ou de comptabilité. — Instructions et lettres d'exécution dans l'hypothèse de l'adoption des conclusions dudit rapport.

3° Formation d'un budget sur des éléments donnés.

4° Liquidation d'une pension de retraite.

Examen oral.

1° Organisation spéciale de l'Algérie.

Différence entre la législation de France et celle de l'Algérie. — Causes de ces différences, leur origine, leur utilité.

2° Organisation judiciaire en France et en Algérie.

3° Promulgation des lois. — Principes généraux.

4° Colonisation. — Aliénation des terres.

5° Législation sur la propriété et le séquestre.

6° Régime commercial en Algérie et en France. — Chambres de commerce. — Banques. — Douanes. — Octrois.

7° Des diverses ressources de l'État en France et en Algérie. — Des impôts directs, leur assiette, leur recouvrement. — Des impôts indirects. — Des monopoles de l'État. — Des produits de la gestion des biens de l'État.

8° Des charges et des ressources des départements. — Des charges et des ressources des communes.

9° Organisation des services financiers en France et en Algérie. — Enregistrement et domaine. — Contributions directes. — Cadastre. — Contributions indirectes. — Contributions diverses. — Forêts. —

Postes. — Leurs attributions. — Impôts arabes. — Taxes municipales. — Service télégraphique. — Son organisation.

10° Organisation du service topographique. — Ses attributions.

11° Règles relatives au mode d'exécution des travaux publics. — Des marchés ou entreprises. — Des concessions de travaux.

12° Des préjudices causés aux propriétaires par l'exécution des travaux publics. — Dommages proprement dits. — Extraction de matériaux et occupation de terrains. — Expropriation pour cause d'utilité publique. — Législation spéciale à l'Algérie, en ce qui concerne l'expropriation.

13° Routes nationales et départementales. — Leur établissement. — Droits et charge de l'État et des départements. — Obligations et droits des riverains. — Police de la voirie.

14° Chemins de fer. — Législation en vertu de laquelle leur établissement peut être autorisé. — Chemins de fer d'intérêt général, chemins de fer d'intérêt local.

15° Chemins vicinaux. — Leur classement. — Ressources au moyen desquelles ils s'exécutent.

16° Chemins publics ruraux. — Différence entre leur condition légale et celles des chemins vicinaux.

17° Des associations syndicales. — Organisation et mode de procéder de ces associations. — Travaux qu'elles peuvent accomplir d'après la loi du 21 juillet 1865.

18° Places fortes et fortifications. — Servitudes imposées à la propriété pour la défense du territoire.

19° De la naturalisation en France et en Algérie.

20° De la dette publique. — De l'amortissement. — De la caisse des dépôts et consignations.

21° Des pensions civiles. — Mode de liquidation.

EXAMEN DES EXPÉDITIONNAIRES AUXILIAIRES
DE L'ADMINISTRATION CENTRALE.

L'examen est écrit et porte sur les matières suivantes affectées de coefficients.

1° Écriture. — Quatre pages d'écriture courante. 6
2° Confection d'un tableau reproduisant divers genres d'écriture 3
3° Une dictée............................... 3
    Temps accordé............... 2 heures.

Le maximum des points à accorder par la commission pour chacune des matières ci-dessus désignées est arrêté à 10. Les épreuves de l'examen commencent nécessairement par les deux premières compositions qui sont immédiatement jugées par la commission.

Les candidats n'ayant pas obtenu à cette partie de l'examen le minimum obligatoire sont éliminés et ne prennent pas part à la dernière épreuve.

Nul ne pourra être déclaré admissible s'il n'a obtenu 72 points au moins pour les deux premières compositions et 96 points sur l'ensemble des matières.

Les candidats déclarés admissibles seront utilisés au fur et à mesure des besoins du service.

Tout candidat à un emploi d'expéditionnaire auxiliaire doit justifier qu'il est Français et, s'il a plus de vingt et un ans, qu'il a satisfait à la loi sur le recrutement.

Chaque candidat doit déposer au cabinet du secrétaire général du gouvernement, une demande d'admission à l'examen accompagnée des pièces suivantes :

1° Une expédition autenthique de son acte de naissance ;

2° Un certificat constatant qu'il est Français et a satisfait à la loi sur le recrutement ;

3° L'extrait de son casier judiciaire ;

4° Un certificat de bonne vie et mœurs délivré par le maire de la commune.

II.

CONSEIL DE GOUVERNEMENT.

Le conseil de gouvernement possède des attributions purement consultatives, il se compose du gouverneur général président, de dix hauts fonctionnaires, de trois conseillers-rapporteurs et d'un secrétaire.

Les préfets et les généraux commandant les divisions militaires peuvent être appelés à assister aux séances du conseil; ils y ont voix délibérative.

Sont de plein droit, conseillers du gouvernement :

1° Le secrétaire général du gouvernement,
2° Le premier président de la cour d'appel,
3° L'archevêque d'Alger,
4° Le procureur général près la cour d'appel,
5° Le général, chef d'état-major général,
6° L'amiral, commandant supérieur de la marine,
7° Le général, commandant supérieur du génie,
8° L'inspecteur général des finances,
9° L'inspecteur des ponts-et-chaussées,
10° Le recteur de l'académie,
11° Les conseillers-rapporteurs.

CONSEILLERS-RAPPORTEURS.

Les conseillers-rapporteurs sont les seuls fonctionnaires du conseil recevant un traitement.

Aucune condition d'aptitude ni d'âge n'est exigée pour la nomination à ces emplois.

Cependant, ces fonctions sont données de préférence aux fonctionnaires supérieurs des services administratifs provinciaux ou du gouvernement général.

On a souvent choisi comme conseillers-rapporteurs des sous-préfets de l'Algérie ou des chefs de bureau du gouvernement général.

On conçoit en effet qu'il faille pour être appelé à donner des avis utiles sur les affaires de l'Algérie, avoir une connaissance parfaite des besoins du pays.

Les traitements des conseillers-rapporteurs sont fixés ainsi qu'il suit :

Conseillers rapporteurs, 1ʳᵉ classe.... 12.000 fr.
—   2ᵉ classe.... 10.000
Secrétaire 6.000

Le titre d'honoraires de leurs anciennes fonctions est conféré aux conseillers-rapporteurs du gouvernement.

Les conseillers honoraires ont, dans les cérémonies publiques, le même rang que les préfets honoraires.

III.

ADMINISTRATION DÉPARTEMENTALE.

L'Algérie est divisée en trois départements, Alger, Oran et Constantine.

Le préfet est l'administrateur du département. Il a les mêmes attributions qu'en France.

Il est nommé directement par le président de la République sans aucune condition d'âge ni de capacité; il est révocable par lui.

Le préfet doit résider au chef-lieu administratif du département.

Ses fonctions ne doivent jamais cesser d'être remplies, à cause de leur importance.

En cas d'absence ou d'empêchement, le préfet délègue son autorité au secrétaire général ou à un membre du conseil de préfecture, en cas de vacance.

L'administration passe de droit au premier membre du conseil dans l'ordre du tableau.

La délégation ne peut être faite par le préfet que s'il ne sort pas du département.

Dans le cas contraire, elle est faite par le ministre.

Les traitements des préfets sont ainsi fixés :

Alger...................... 25.000 fr.
Oran...................... 20.000
Constantine.............. 20.000

SECRÉTAIRES GÉNÉRAUX DE PRÉFECTURE.

Le secrétaire général a la garde des archives du département, signe les expéditions, délivre des extraits certifiés des pièces déposées aux archives et des actes de la préfecture. Il légalise les signatures des sous-préfets administrateurs et maires du département pour les cas nécessaires.

Nomination.

Les secrétaires généraux sont nommés directement par le président de la République, sur la proposition du gouverneur.

Ils sont pris en dehors du conseil de préfecture et n'en font point partie.

Traitement.

Le traitement des secrétaires généraux est de 8,000 francs, auxquels vient s'ajouter une indemnité de logement qui est fixée à 2,000 francs par le conseil général du département d'Alger, à 1,800 par le conseil général d'Oran.

CONSEILS DE PRÉFECTURE.

Les conseils de préfecture ont en Algérie les mêmes attributions que dans la métropole, sauf quelques modifications de détail.

Le nombre des conseillers est fixé ainsi qu'il suit :

Alger............................ 5
Oran............................. 4
Constantine...................... 4

Nomination.

Nul ne peut être nommé conseiller de préfecture en Algérie s'il n'est âgé de vingt-cinq ans accomplis ; s'il n'est en outre, licencié en droit ou s'il n'a rempli pendant dix ans au moins des fonctions rétribuées dans l'ordre administratif ou judiciaire, ou bien, s'il n'a été, pendant le même espace de temps, membre d'un conseil général ou maire.

Les fonctions de conseiller de préfecture sont incompatibles avec un autre emploi public et avec l'exercice d'une profession.

Traitements.

Les conseillers de préfecture de l'Algérie sont divisés en trois classes :

1re classe.................. 5.000 fr.
2e classe.................. 4.500
3e classe.................. 4.000

Le nombre des conseillers de préfecture de première classe ne peut excéder le tiers des membres en exercice.

La promotion à une classe supérieure ne peut être

obtenue qu'après cinq ans au moins d'exercice dans la classe immédiatement inférieure.

Les promotions peuvent avoir lieu sur place, par des décisions du gouverneur général, dans la limite des crédits ouverts au budget.

SOUS-PRÉFETS.

Les sous-préfets administrent les arrondissements. Le nombre des sous-préfectures est de 14, savoir :

ALGER..............	Médéa. Miliana. Orléansville. Tizi-Ouzou.
CONSTANTINE........	Bone. Bougie. Guelma. Batna. Philippeville. Sétif.
ORAN..............	Mascara. Mostaganem. Sidi-Bel-Abbès. Tlemcen.

Nomination.

Les sous-préfets sont nommés par le président de la République, sans aucune condition d'âge ni de capacité, d'après la proposition du gouverneur général.

Cependant ces fonctionnaires sont le plus souvent choisis soit parmi les administrateurs de 1re classe de commune mixte, qui remplissent leurs fonctions avec mérite, soit parmi les chefs de bureau des préfectures.

Les sous-préfets sont divisés en trois classes.

La classe est personnelle et indépendante de la résidence.

Les traitements sont ainsi fixés :

1re classe.................................	8.000 fr.
2e classe.................................	7.000
3e classe.................................	6.000

A ces traitements s'ajoutent des frais pour les tournées que font les sous-préfets auprès des administrateurs des communes mixtes de leur arrondissement.

Les sous-préfets nomment :
Les simples préposés d'octroi,
Les agents de police de toutes classes,
Les gardes champêtres arabes montés,
Les employés inférieurs musulmans,
Les maîtres-adjoints des écoles arabes françaises,
Les maîtres des écoles primaires musulmanes.

Les candidats à l'un de ces emplois doivent donc adresser directement leur demande au sous-préfet de l'arrondissement dans lequel l'emploi est à donner et par l'entremise du maire de la commune où ils supposent qu'une vacance a lieu.

PERSONNEL DES COMMUNES MIXTES.

Administrateurs et adjoints.

Les communes de l'Algérie sont divisées en trois catégories :

1° Les communes de plein exercice,

2° Les communes indigènes,

3° Les communes mixtes.

Les communes de plein exercice sont celles qui jouissent de la plénitude des libertés municipales; elles ont à leur tête le maire choisi par le suffrage des habitants de la commune et nommé par le pouvoir exécutif.

Le maire est l'agent d'exécution des délibérations du conseil municipal.

Les communes indigènes sont celles qui sont comprises dans le territoire militaire, et qui sont placées sous la direction des généraux commandant les divisions.

Ces communes tendent de plus en plus à s'amoindrir et à être érigées en communes mixtes.

Les communes mixtes que régissent les administrateurs comprennent les centres de population habités à la fois par des indigènes et par des Européens, et qui, possédant des ressources propres, ne renferment pas encore une population européenne suffisante pour recevoir l'application immédiate des lois de 1884 réglant l'organisation des communes mixtes.

Les communes mixtes sont personnes civiles; elles exercent, à ce titre, tous les droits, prérogatives et actions dont les communes de plein exercice sont investies par la loi.

Les administrateurs sont les fonctionnaires chargés des fonctions municipales ;

Le conseil municipal est remplacé par une commission municipale, composée de notables Européens et d'indigènes.

Cadre et personnel.

Le cadre du personnel administratif comprend 80 administrateurs divisés en cinq classes, savoir :

14 de 1re classe,
18 de 2e classe,
22 de 3e classe,
16 de 4e classe,
10 de 5e classe.

80 adjoints administrateurs, répartis en 3 classes,

12 de 1re classe,
20 de 2e classe,
48 de 3e classe.

20 adjoints stagiaires formant une classe unique.

Traitements.

Les traitements sont fixés ainsi qu'il suit :

Administrateur de 1re classe . . . .   5.000 fr.

    —   de 2e classe 4.500

    —   de 3e classe 4.000

    —   de 4e classe 3.500

    —   de 5e classe 3.000

Adjoints de 1re classe 2.700

    —   de 2e classe 2.400

    —   de 3e classe 2.100

Adjoints stagiaires. 1.800

Les administrateurs et adjoints sont logés dans un bâtiment appartenant à la commune, ou, à défaut, jouissent de frais de logement.

Il est, en outre, alloué une indemnité de 1,000 francs pour frais de tournées aux administrateurs et de 600 francs aux adjoints titulaires et stagiaires. Ils ont droit également à une indemnité annuelle d'entretien de cheval de 900 francs.

L'avancement du personnel est fait au choix, et suivant les vacances qui se produisent dans le cadre. Cependant, en aucun cas, un agent ne pourra franchir plusieurs classes ou grades à la fois, ni obtenir deux avancements dans la même année.

L'administrateur doit être initié aux coutumes et aux mœurs des indigènes, sous peine de commettre des erreurs graves, et d'être trop facilement induit en erreur par le personnel qui l'entoure.

Il doit avoir une connaissance suffisante de la langue arabe ou kabyle pour recevoir directement les communications de ses administrés musulmans, sans quoi il sera privé d'informations quelquefois très précieuses, et se trouvera toujours à la merci d'un interprète pris souvent dans les derniers rangs de la hiérarchie indigène.

Nomination.

Les administrateurs et adjoints des communes mixtes sont nommés par arrêtés du gouverneur général, sur la proposition des préfets.

Ils sont révoqués dans la même forme.

Nul ne peut être nommé administrateur de commune mixte, s'il ne justifie trente années d'âge, et de cinq années de services en Algérie, soit dans l'administration centrale ou l'administration départementale, soit comme magistrat, soit comme officier de l'armée active, soit dans une administration financière recrutée au concours ; s'il n'a subi avec succès, au moins pour les épreuves orales, l'examen de la prime de 2e classe de langue arabe ou kabyle.

Nul ne peut être nommé adjoint à l'administrateur d'une commune mixte, s'il n'est âgé de vingt-cinq ans au moins, s'il n'a été reconnu admissible à l'emploi de commis rédacteur de l'administration départementale, ou s'il ne compte deux années au moins de services en Algérie, soit comme officier de l'armée active, soit dans une administration financière, recrutée au concours ; s'il ne justifie de la connaissance de la langue arabe ou kabyle.

Nul ne peut être nommé stagiaire, s'il n'est âgé de vingt et un ans au moins et s'il ne justifie du diplôme de bachelier ès-sciences ou ès-lettres ou du diplôme spécial de législation et coutumes indigènes.

Les peines disciplinaires qui peuvent être infligées aux administrateurs de commune mixte et à leurs adjoints pour inconduite ou infraction à la discipline sont les suivantes :

1° Le blâme officiel,

2° La suspension avec retenue de solde,

3° Le retrait d'une classe ou d'un grade,

4° La révocation.

Ces peines sont prononcées par le gouverneur général sur la proposition motivée des préfets.

Les congés sont accordés aux agents du personnel des communes mixtes par le gouverneur général. Les préfets peuvent leur délivrer des permissions d'absence d'une durée de huit jours au plus. Dans leur service extérieur, les administrateurs adjoints et stagiaires portent la tenue ci-après déterminée :

Dolman ou veston en drap bleu national, sans broderies, le veston à deux rangées de boutons bombés, en argent mât. Culotte blanche ou culotte en drap gris de fer, à bandes bleues, suivant la saison.

Képi en drap bleu à simple bandeau, brodé d'une guirlande de chêne et olivier sur tout le pourtour de la coiffure pour les administrateurs, sur la moitié pour les adjoints, sur le quart pour les stagiaires; deux galons montants pour les administrateurs, un seul pour les adjoints et les stagiaires.

Écharpe municipale pour les administrateurs seulement.

IV.

PERSONNEL DES PRÉFECTURES ET DES SOUS-PRÉFECTURES.

CADRES DU PERSONNEL.

Le personnel appartenant aux préfectures et aux sous-préfectures de l'Algérie est fixé ainsi qu'il suit.

Préfectures.

Chefs de bureau	15
Sous-chefs de bureau	15
Commis-principaux	21
Commis rédacteurs	47
Expéditionnaires	42
Surnuméraires appointés ou commis auxiliaires	7
Surnuméraires non appointés	8

Sous-préfectures.

Secrétaires de sous-préfectures	12
Rédacteurs	12
Expéditionnaires	6
Khodjas (Secrétaires indigènes)	12

Traitements.

Les traitements des employés sont ainsi déterminés.

Chefs de bureau de 1re classe.......	6.000 fr.	
— de 2e classe.......	5.500	
— de 3e classe	5.000	
Sous-chefs de bureau et secrétaires de sous-préfectures de 1re classe.......	4.000	
Sous-chefs de bureau et secrétaires de sous-préfectures de 2e classe.......	3.500	
Secrétaires de sous-préfectures de 3e cl. et commis principaux de 1re classe...	3.000	
Secrétaires de sous-préfectures de 4e cl. et commis-rédacteurs de 1re classe...	2.700	
Commis-rédacteurs et vérificateurs de de 2e classe.....................	2.400	
Commis-rédacteurs et vérificateurs de 3e classe.....................	2.100	
Commis-rédacteurs et vérificateurs de 4e classe.....................	1.800	
Expéditionnaires de 1re classe.......	2.700	
— de 2e classe.......	2.400	
— de 3e classe.......	2.100	
— de 4e classe.......	1.800	
— de 5e classe.......	1.500	

En cas de vacances dans les emplois de chefs, de sous-chefs de bureau et de secrétaires de sous-préfecture, et à défaut de candidats réunissant les conditions réglementaires, des employés du grade immédiatement inférieur pourront être appelés à ces postes, en qualité de faisant fonctions.

Une indemnité pour services exceptionnels leur est accordée, et dès qu'ils remplissent les conditions d'ancienneté voulues pour justifier une promotion, ils prennent rang dans le grade ou la classe.

2.

COMMIS PRINCIPAUX.

Il est institué, à Alger, une commission unique, composée ainsi qu'il suit :

Président : un conseiller rapporteur au gouvernement.

Membres : trois chefs de bureau de l'administration centrale, un sous-chef de bureau de l'administration centrale.

Cette commission est chargée, chaque année, de procéder à l'examen des candidats au grade de commis principal dans l'administration centrale.

Peuvent concourir, les commis rédacteurs des préfectures et des sous-préfectures.

Il est accordé des frais de route aux candidats des trois départements qui ont à se déplacer.

Épreuves.

Les épreuves à subir pour l'obtention du grade de commis principal consistent en deux compositions écrites et en un examen oral.

Les compositions écrites portent sur des matières d'administration algérienne se rapportant à l'un des six paragraphes suivants :

1° Organisation politique, administrative et judiciaire.

2° Colonisation, régime commercial et industriel.

3° Travaux publics; — régime des eaux.

4° Régime financier; — comptabilité publique, comptabilité départementale et communale.

5° Administration des indigènes.

6° Loi sur la propriété. — Séquestre.

La première composition a pour sujet une question de droit administratif théorique.

La deuxième, une question de pratique administrative.

L'examen oral porte sur les matières indiquées dans les six paragraphes ci-dessus.

COMMIS RÉDACTEURS.

Les candidats à l'emploi de commis rédacteur doivent justifier qu'ils sont Français et qu'ils ont satisfait à la loi du recrutement.

Ils adressent leur demande au préfet, en joignant à cette demande :

1° Leur acte de naissance dûment légalisé,

2° L'extrait du casier judiciaire,

3° Une pièce authentique établissant qu'ils ont satisfait à la loi sur le recrutement,

4° Une copie certifiée de leurs titres et diplômes.

L'examen des commis rédacteurs porte sur les matières exigées dans le programme des candidats au grade de commis principal. Il porte également sur la géographie et l'histoire de l'Algérie.

Les candidats reçus aux examens sont classés par ordre de mérite, et nommés suivant cet ordre au fur et à mesure des vacances produites.

Le poste de début est le grade de commis rédacteur aux appointements de 1,800 fr.

Nul ne peut être proposé pour une classe supérieure qu'après deux ans au moins d'exercice dans la classe immédiatement inférieure.

COMMIS EXPÉDITIONNAIRES.

Les examens sont les mêmes que pour les expéditionnaires du gouvernement général.

Les candidats reçus aux examens sont commissionnés au traitement de début de 1,500 francs.

V.

SERVICE TOPOGRAPHIQUE.

Arrêté du 1er mai 1887.

Le service topographique est chargé de procéder aux travaux de reconnaissance, de triangulation, d'arpentage, de lotissement et d'estimations, nécessaires, tant dans l'intérêt des services de la colonisation, des forêts, du domaine et du cadastre, que pour la constitution de la propriété individuelle indigène.

Le personnel se compose :

1° D'un inspecteur pour les trois départements,

2° D'un géomètre en chef par département,

3° D'un vérificateur adjoint au géomètre en chef, comme chef de bureau,

4° De vérificateurs chargés de la surveillance et du contrôle des travaux extérieurs,

5° De géomètres principaux,

6° De géomètres ordinaires et d'élèves géomètres,

7° De commis pricipaux et ordinaires, attachés, à titre sédentaire aux bureaux du géomètre en chef.

L'inspecteur général est placé sous les ordres directs du gouverneur général, et a sa résidence à Alger.

Le géomètre en chef dirige, sous l'autorité du préfet, le personnel du service de la topographie du département, répartit tous les travaux en les distribuant avec équité, de manière à faire participer tous les agents aux avantages et aux difficultés des travaux. Il lui est interdit de confier aucun travail à des agents étrangers au personnel réglementaire.

Les traitements fixes assignés aux emplois ci-dessus sont réglés ainsi qu'il suit :

Inspecteur	9.000 fr.
Géomètres en chef de 1re classe	8.000
Géomètres en chef de 2e classe	7.000
— de 3e classe	6.000
Vérificateurs hors classe (6 au maximum)	4.500
— de 1re classe	4.000
— de 2e classe	3.600
Géomètres principaux hors classe (12 au maximum)	3.300
— de 1re classe	3.000
— de 2e classe	2.700
Géomètre ordinaire de 1re classe	2.400
— de 2e classe	2.100
— de 3e classe	1.800
— de 4e classe	1.500
Commis principaux hors classe (6 au maximum)	3.300
— de 1re classe	3.000
— de 2e classe	2.700
Commis ordinaires de 1re classe	2.400
— de 2e classe	2.100
— de 3e classe	1.800
— de 4e classe	1.500
Élèves géomètres	1.200

Tous les agents du service topographique sont nommés par le gouverneur général.

Les géomètres en chef sont pris parmi les vérificateurs hors classe ou de 1re classe.

Les vérificateurs, parmi les géomètres principaux hors classe ou de 1re classe qui auront été employés à des travaux de triangulation et de levé pendant une durée de deux ans au moins à partir de leur nomination au grade de géomètre principal.

Les géomètres principaux parmi les géomètres ordinaires de 1re classe qui ont effectué des travaux de triangulation reconnus exacts.

Les géomètres ordinaires sont pris parmi les élèves géomètres qui, après un stage d'un an au moins, ont justifié de leur aptitude aux divers travaux de service.

Les élèves géomètres sont nommés à la suite d'un concours.

Les commis principaux et les commis ordinaires attachés aux bureaux des géomètres en chef forment une section spéciale et ne peuvent concourir aux autres emplois du service.

Les commis ordinaires de 4e classe sont nommés à la suite d'un concours.

Tout aspirant à un emploi d'élève géomètre ou de commis ordinaire doit justifier :

Qu'il est né ou naturalisé Français ;

Qu'il aura plus de dix-huit ans et moins de trente ans au 31 décembre de l'année pendant laquelle a lieu le concours d'admission.

Pour les sous-officiers des armées de terre et de mer remplissant les conditions prévues par la loi du 21 juillet 1873, la limite d'âge est portée à trente-six ans.

Aucun agent, les élèves géomètres exceptés, ne peut être nommé à une classe supérieure avant deux années de service dans le grade ou la classe immédiatement inférieure.

Tout agent du service de la topographie doit exercer ses fonctions par lui-même.

Il ne peut occuper un autre emploi, ou faire aucun commerce.

Il ne peut non plus faire aucun arpentage particulier, ni délivrer aucune copie de plan ou de tableau d'assemblage, sans y avoir été autorisé par le préfet sur l'avis du géomètre en chef.

L'admission à la retraite des agents du service de la topographie est prononcée de plein droit :

Pour l'inspecteur, pour les géomètres en chef et pour les commis attachés à leurs bureaux, à l'âge de soixante-deux ans ;

Pour tous les autres agents, à l'âge de soixante ans.

Nul ne peut être maintenu en activité au delà des limites d'âge ci-dessus fixées.

CONDITIONS D'ADMISSION.

Élèves géomètres.

Il est pourvu aux vacances dans le cadre du personnel du service actif, au moyen de concours qui

sont ouverts dans les chefs-lieux des trois départements de l'Algérie pour l'emploi d'élève géomètre.

Le concours est annoncé par un avis inséré au
Mobacher et par des affiches apposées dans les trois
départements sur le mur extérieur de l'hôtel de la
préfecture et à la porte des bureaux du géomètre en
chef.

Toute demande pour être admis à ce concours doit
être adressée au gouverneur général et lui parvenir
vingt jours au moins avant la date fixée pour les
examens.

Elle est accompagnée de l'acte de naissance du
candidat, d'un certificat constatant qu'il est doué
d'une bonne constitution et n'est affecté d'aucune
infirmité, d'un extrait de son casier judiciaire, et de
toutes pièces pouvant faire connaître sa situation et
ses antécédents.

Le gouverneur général statue sur les demandes
d'admission.

Toute demande formulée tardivement ou non ap-
puyée des justifications exigées, est considérée
comme non avenue.

Le concours comporte des épreuves écrites et des
épreuves orales, et a lieu dans le local désigné par
le préfet, devant un comité composé comme il suit :

Président : un conseiller de préfecture en qualité
de délégué du préfet.

Membres : le géomètre en chef du service de la
topographie, un chef de bureau de la préfecture et
un professeur de mathématiques.

Un secrétaire est adjoint au comité.

Les épreuves écrites comprennent les opérations suivantes.

Première séance.

1° Une page d'écriture faite sous la dictée,

2° Une page ou un tableau d'écritures variées et de chiffres : temps accordé, une heure et demie.

3° Problème d'arithmétique, solution et raisonnement, temps accordé : une heure.

Deuxième séance.

4° Dessin graphique et lavis : temps accordé : trois heures et demie.

Troisième séance.

5° Rédaction d'une lettre ou d'une note sur un sujet donné, temps accordé : deux heures et demie.

6° Calcul de la surface d'un polygone : temps accordé : une heure.

Quatrième séance.

7° Problème de géométrie : temps accordé, deux heures.

8° Problème d'algèbre : temps accordé, une heure.

Les sujets des compositions sont les mêmes pour les comités des trois départements où les concours sont ouverts. Ils sont transmis par le gouvernement général, sous enveloppes ou plis cachetés, aux préfets. Les enveloppes ou plis sont ouverts par le conseiller de préfecture président, en présence des autres membres du comité et des candidats, et seulement au fur et à mesure des compositions.

Les compositions sont faites en présence d'un membre du comité et du secrétaire, sur des feuilles fournies par l'administration et délivrées aux candidats au commencement des opérations.

Dès qu'il a reçu une feuille, le candidat doit apposer très lisiblement son nom à l'angle droit de cette feuille qui est ensuite plié et cacheté de manière que le nom ne soit pas apparent. A l'expiration du temps fixé, les compositions, terminées ou non, sont remises au président qui les place sous enveloppes cachetées, en présence des candidats et les adresse immédiatement au gouverneur général pour être soumises à l'examen d'une commission centrale.

Le comité procède ensuite aux épreuves orales lesquelles portent sur les matières suivantes :

1° Organisation administrative de l'Algérie. Géographie de l'Algérie.

2° Arithmétique : numération décimale ; les quatre règles fondamentales, preuves de ces opérations ; nombres décimaux ; fractions ; extraction des racines carrées ; système légal des poids et mesures ; règles de trois simple et composée ; proportions et progressions.

Logarithmes : définition des logarithmes et usage des tables.

3° Algèbre : addition, soustraction, multiplication et division des monômes et des polynômes ; équations du 1er degré à une ou plusieurs inconnues ; équations du 2e degré à une inconnue.

4° Géométrie : les cinq premiers livres.

5° Trigonométrie rectiligne : lignes trigonométriques ; relations entre les lignes trigonométriques d'un arc de cercle ; principales formules et résolution des triangles.

6° Arpentage : notions sur le levé des plans et l'usage des instruments.

Notions sur le nivellement.

L'ordre dans lequel les candidats doivent subir l'examen oral est déterminé par le sort.

La durée de l'épreuve ne doit pas dépasser 43 minutes. Chacune des épreuves orales donne lieu à une note variant entre 0 et 10, suivant la gradation ci-après :

> 0, néant,
> 1, très mal,
> 2, mal,
> 3, 4, médiocre,
> 5, 6, 7, assez bien,
> 8, 9, bien,
> 10, très bien.

La note est constituée par la moyenne des points donnés par les examinateurs au candidat, comme expression de leur opinion.

Le nombre de points accordé est multiplié par

le coefficient ci-après, représentant la valeur relative de chaque partie de l'épreuve.

1° Organisation administrative et géographie de l'Algérie 2
2° Arithmétique et logarithmes............. 4
3° Algèbre 2
4° Géométrie.............................. 4
5° Trigonométrie.......................... 3
6° Arpentage et nivellement............... 2

Les résultats de l'examen oral sont centralisés à Alger par les soins d'une commission qui procède, en même temps, à l'examen des épreuves écrites :

Cette commission est ainsi composée :

Président : un conseiller de gouvernement.

Membres : un chef de bureau du gouvernement général, l'inspecteur de la topographie et un professeur de mathématiques.

Un secrétaire est adjoint à la commission.

La commission centrale formule ses appréciations sur chaque épreuve écrite, suivant le mode indiqué pour les épreuves orales.

Le nombre de points accordé pour chaque épreuve est multiplié par le coefficient ci-après :

1° Dictée 3
2° Page ou tableau d'écriture............. 3
3° Problème d'arithmétique................ 5
4° Dessin graphique....................... 2
5° Calcul d'un polygone................... 2
6° Rédaction d'une lettre ou note......... 3

7º Problème de géométrie................ 4
8º Problème d'algèbre.................... 3

Le pli contenant le nom des candidats n'est ouvert qu'à la fin de l'examen des épreuves écrites, et après que le résultat des appréciations a été arrêté pour chacune d'elles.

A ce moment, la commission centrale arrête le nombre total de points acquis à chaque candidat, en ajoutant au nombre obtenu pour les épreuves écrites celui assigné précédemment par le comité de département, pour les épreuves orales.

Un supplément de vingt-cinq points est accordé aux candidats qui auront justifié de la possession, avant la date de l'ouverture du concours, de la prime affectée à la connaissance de la langue arabe ou de la langue kabyle.

Sont seuls admissibles, les candidats qui ont obtenu, y compris le supplément de points prévu pour la connaissance des langues arabe ou kabyle, la moitié au moins du total du maximum des points différents aux épreuves écrites et aux épreuves orales.

Le nombre des admissions est, au surplus, subordonné au nombre des emplois disponibles au moment du concours.

Les candidats peuvent être éliminés de la liste d'admission, soit pour fautes graves d'ortographe, soit pour très mauvaise écriture, soit pour non exécution d'une des compositions écrites.

Les candidats admis sont nommés élèves géomètres, par le gouverneur général, et entrent en solde du jour de leur installation par le géomètre en chef du département où ils sont attachés.

Ils sont assujettis à un stage d'une durée d'au moins un an à partir du jour de leur installation.

Ils doivent passer une partie de leur stage, six mois au plus, dans les bureaux du géomètre en chef, pour se familiariser à l'usage des plans et se former à tous les travaux de cabinet.

Ils sont placés, pendant le surplus de leur stage, sous les ordres de géomètres de service, chargés de les former à la pratique des travaux de triangulation, d'arpentage et de lotissement. Leur aptitude est constatée, au cours de leur stage sur le terrain, par les vérificateurs en tournée de surveillance.

A la fin de leur stage, ils exécutent un plan d'épreuve au $\frac{1}{4000}$, embrassant au moins 200 hectares. Le plan une fois vérifié et reconnu exact, l'aptitude de l'élève géomètre à tous les travaux du service et à l'usage des instruments est constatée par une commission qui se réunit, au moins une fois par an, au chef-lieu de chaque département.

Sur le vu du procès-verbal de vérification du plan d'épreuve et du rapport de la commission spéciale, le gouverneur général prononce l'admission définitive de l'élève-géomètre en qualité de géomètre ordinaire de 4ᵉ classe, avec allocation d'une indemnité de 250 francs, à titre d'entrée en campagne, pour achat de tente et de matériel de campement.

Le licenciement de l'élève géomètre est prononcé

si, après deux ans de stage, la commission spéciale constate qu'il ne remplit pas les conditions d'aptitude nécessaires.

Préparation au concours.

Le meilleur moyen d'arriver à l'examen avec chance de succès est de prendre soit le diplôme de bachelier ès-sciences, soit celui de bachelier de l'enseignement secondaire spécial, puis de se compléter, pendant trois ou quatre mois, par l'étude de l'organisation administrative et de la géographie de l'Algérie.

On consultera à cet égard avec fruit, le savant ouvrage sur l'Algérie de MM. Béquet et Simon, extrait de leur répertoire d'administration.

On ne saurait entrer trop jeune dans les cadres du service topographique, à titre d'élève géomètre.

Un bachelier ès-sciences ou d'enseignement spécial peut s'il a dix-huit ans, concourir l'année même de l'obtention de son diplôme. Il franchira ainsi jeune, les premiers échelons de la hiérarchie, et arrivera, à l'âge où d'autres commencent à peine, à occuper une situation moyenne.

COMMIS DES BUREAUX.

Le personnel des bureaux se compose des commis titulaires de tous grades et des employés auxiliaires. Il est pourvu aux vacances existant dans le cadre du

personnel des commis titulaires de chaque département au moyen d'un concours ouvert, au chef-lieu
du département, pour l'emploi de commis ordinaire
de 4ᵉ classe.

L'ouverture du concours doit être autorisée par le
gouverneur général. Toute demande, pour être admis
à ce concours, doit être adressée au préfet et lui parvenir cinq jours au moins avant la date fixée pour
les examens.

Elle est accompagnée de l'acte de naissance du
candidat, d'un extrait de son casier judiciaire et de
toute pièce propre à faire connaître sa situation et
ses antécédents.

Le préfet statue sur les demandes d'admission et
en rend compte au gouverneur général, avant l'ouverture du concours. Toute demande formulée tardivement ou non accompagnée des justifications exigées
est considérée comme non avenue.

Le concours comporte des épreuves écrites et des
épreuves orales, et a lieu devant un comité composé
comme il suit :

Président : un conseiller de préfecture, délégué du
préfet.

Membres : le géomètre en chef, un chef de bureau
de la préfecture et un vérificateur de la topographie.

Un commis principal de la topographie est adjoint
au comité, comme secrétaire.

Les épreuves écrites comprennent les opérations
suivantes.

1° Une page d'écriture faite sous la dictée.

2° La même page recopiée à main posée : temps accordé, 45 minutes.

3° Calcul d'un polygone : temps accordé, une heure.

4° Problème d'arithmétique ; temps accordé, une heure.

5° Tableau d'écritures et de chiffres : temps accordé, deux heures et demie.

6° Dessin graphique et lavis (copié d'un plan communiqué) : temps accordé, sept heures en deux séances. Sont exclus des épreuves orales, les candidats qui ont obtenu moins de la moitié du total maximum des points afférents aux épreuves écrites.

Cette exclusion peut être prononcée pour inexécution de l'une des compositions écrites ou par malfaçon absolue du plan. Les épreuves orales portent sur les matières suivantes :

1° Géographie de l'Algérie.

2° Arithmétique : numération décimale ; les quatre règles fondamentales, preuves de ces opérations ; fractions ordinaires et décimales ; système métrique ; règles de trois simple et composée ; proportions.

3° Notions élémentaires de géométrie : les quatre premiers livres.

4° Notions sur les échelles des cartes et plans.

L'ordre dans lequel les candidats admis aux épreuves orales sont appelés à les subir est déterminé par le sort.

La durée de ces épreuves ne doit pas dépasser quarante minutes.

La valeur relative de chaque partie des épreuves

est déterminée par un coefficient ci-après indiqué, qui devra être multiplié par le nombre de points accordé, variant de 0 à 10.

Épreuves écrites.

Dictée......................................	3
Copie de la dictée....................	4
Calcul d'un polygone...............	3
Problème d'arithmétique............	2
Tableau d'écritures et de chiffres.......	5
Dessin graphique....................	8

Épreuves orales.

Géographie...........................	2
Arithmétique........................	4
Géométrie...........................	4
Échelle de plans....................	2

Ne peuvent être déclarés admissibles que les candidats qui ont réuni la moitié, au moins, du maximum des points afférents aux épreuves écrites et aux épreuves orales.

Les candidats admis par le gouverneur général sont nommés commis-ordinaires de 4ᵉ classe.

Indemnités.

Les agents de la topographie reçoivent, pour leurs déplacements motivés par le service et pour les travaux qu'ils ont à exécuter, des indemnités fixes ou proportionnelles, dont la nature et la quotité sont déterminées par les tarifs suivants, tous frais de main d'œuvre auxiliaire ou autres, demeurant, au surplus, à leur charge.

L'inspecteur reçoit, pour frais de déplacement, 30 francs par journée passée sur le terrain et 20 francs par journée passée au cabinet hors de la ville d'Alger.

Les géomètres en chef reçoivent, en cas de déplacement, une indemnité de 15 francs par journée passée hors du chef-lieu du département.

Les vérificateurs reçoivent une allocation mensuelle de 100 francs pour frais généraux de tournées.

Ils reçoivent en outre, pour leurs travaux de contrôle, des indemnités variant de 2 à 8 centimes par hectare, plus 4 centimes par lot dans les projets de lotissement et 8 centimes par lot dans les vérifications de levés. Les géomètres reçoivent pour les travaux de triangulation, des indemnités variant de 13 à 20 centimes par hectare, et pour les travaux de levé, des indemnités variant de $0^f,45$ à $1^f,40$ l'hectare selon l'échelle.

L'indemnité journalière accordée aux géomètres autres que les géomètres de circonscription ou du domaine, pour les travaux de commissions ou pour tous autres non rémunérés à la tâche, tels que travaux de colonisation, de séquestre, de reconnaissances forestières ou de constitution de propriété est fixée à 10 francs par journée passée sur le terrain et à 4 francs par journée au cabinet.

L'indemnité de journée sur le terrain est augmentée

de 4 francs lorsque les opérations de l'agent nécessitent l'emploi de la main d'œuvre auxiliaire, et que cette main d'œuvre ne lui est pas fournie par le service qui l'emploie.

Il est accordé aux géomètres en chef, aux vérificateurs et aux géomètres autres que ceux de circonscription ou du domaine, en dehors de leurs indemnités fixes ou proportionnelles, des frais de route pour se rendre sur le lieu des opérations et pour retour à la résidence, ou transport au nouveau lieu d'opérations assigné.

Ces frais de route sont fixés à 15 centimes par kilomètre sur les voies ferrées, et à 30 centimes par kilomètre sur les voies ordinaires.

Ils sont réduits d'un tiers lorsque les agents reçoivent des indemnités journalières.

Les géomètres de circonscription reçoivent une allocation mensuelle de 200 francs à titre d'indemnité, et une indemnité par hectare et par parcelle égale à la moitié de celle prévue au tarif.

Les géomètres détachés au service des domaines reçoivent une allocation mensuelle de 200 francs, plus les mêmes indemnités supplémentaires.

Les géomètres détachés auprès des inspecteurs du service de la propriété indigène reçoivent une indemnité de 10 francs par journée passée sur le terrain et de 4 francs par journée au cabinet.

Ils reçoivent en outre les frais de route prévus ci-dessus.

On le voit, la carrière de géomètre du service topographique est belle, attrayante et suffisamment rémunérée.

Elle convient aux gens actifs, vigoureux, ne craignant pas de coucher quelquefois sous la tente, loin de toute habitation.

S'il est célibataire, le géomètre peut, en courant par monts et par vaux, au hasard des ordres qui lui sont donnés par ses chefs, se créer des bénéfices assez importants à l'aide des indemnités allouées pour ses travaux supplémentaires.

S'il est marié, il peut postuler pour un poste moins remuant de géomètre des domaines ou de colonisation, où il aura, outre son traitement fixe, l'allocation fixe de 2,400 francs et des travaux supplémentaires.

VI.

SERVICE DE LA PROPRIÉTÉ INDIGÈNE.

A côté du service spécial de la topographie existe un service institué par arrêté du gouverneur général, sous le nom de service de la propriété indigène, et placé dans chaque département sous les ordres du Préfet.

PERSONNEL.

Le personnel se compose d'un inspecteur par département, de commissaires-enquêteurs, de secrétaires-interprètes, de géomètres du service topographique ou des levés généraux, appelés à titre temporaire à concourir aux opérations.

TRAITEMENTS.

Les traitements assignés aux emplois ci-dessus sont ainsi réglés

Inspecteurs de 1re classe...............	6.000
— de 2e classe...............	5.000
Commissaires-enquêteurs de 1re classe....	4.000
— de 2e classe....	3.500
— de 3e classe....	3.000

Stagiaire............................. 2.700
Secrétaires-interprètes de 1re classe....... 2.400
— de 2e classe....... 2.000
— de 3e classe....... 1.800
Stagiaire............................. 1.500

Les géomètres détachés au service de la propriété indigène touchent les traitements afférents à leur grade et à leur classe.

CONDITIONS D'ADMISSION. — INSCRIPTION.

Tout candidat à l'emploi de commissaire-enquêteur, doit justifier :

1° Qu'il est Français.

2° Qu'il a plus de vingt-cinq ans et moins de trente-six ans. La limite d'âge est abaissée à vingt-et-un ans pour les candidats à l'emploi de secrétaire-interprète.

La demande doit être adressée au gouverneur général pour les commissaires-enquêteurs et au préfet pour les secrétaires-interprètes. Pour les candidats ayant déjà servi dans l'administration ou dans l'armée, la limite d'âge est prorogée d'un nombre d'années égal à la moitié du nombre d'années de leurs services, sans toutefois que cette limite puisse dépasser cinquante-cinq ans.

Le gouverneur général arrête la liste des candidats admis à subir les examens.

EXAMENS.

Les examens sont au nombre de deux, pour l'emploi de commissaire-enquêteur et ont lieu à six mois d'intervalle, devant une commission désignée par le gouverneur général, qui arrête le programme des matières de l'examen.

Stage.

Les candidats déclarés admissibles au premier examen doivent en attendant le second examen, faire :

Un stage dans les bureaux administratifs qui s'occupent de propriété indigène, et autant que possible au bureau de l'inspecteur.

Un deuxième stage de trois mois auprès d'une ou plusieurs commissions d'enquête opérant sur le terrain. Les agents de l'administration autorisés à subir les examens sont dispensés du premier stage, dans les bureaux, mais ils sont soumis au stage sur le terrain.

Ils conservent pendant cette période, leurs appointements sans autre indemnité.

Les candidats admis au deuxième examen sont nommés commissaires-enquêteurs stagiaires.

Ils sont employés, comme les commissaires-enquêteurs titulaires, aux opérations de constitution et de constatations de la propriété et ont les mêmes attributions que ces derniers.

Après un an, sur le rapport qui est fait, par l'inspecteur, de leur aptitude, de leur manière de servir et du résultat de leurs travaux, et sur les propositions du Préfet, le gouverneur général prononce sur les points suivants :

Si le commissaire-enquêteur doit être titularisé de 3e classe.

S'il doit être congédié ;

S'il doit être astreint à un nouveau stage après lequel il sera pris à son égard une décision définitive.

PROGRAMME DE L'EXAMEN DES CANDIDATS A L'EMPLOI DE COMMISSAIRE-ENQUÊTEUR.

1er *Examen.*

Le premier examen est divisé en épreuves écrites et épreuves orales.

Épreuves écrites.

1° Une page d'écriture faite sous la dictée.

2° Solution d'un problème d'arithmétique.

Temps accordé, une heure,

3° Calcul de la surface d'un polygone.

Temps accordé, une heure.

4° Rédaction de deux lettres ou rapports sur des sujets donnés, pouvant être pris parmi les matières de l'examen oral.

Temps accordé, trois heures pour chaque épreuve.

Les compositions sont faites en présence d'un des membres et du secrétaire du comité d'examen. Elles sont retirées, terminées ou non, à l'expiration du temps accordé.

Au vu des épreuves écrites, le Comité d'examen décide quels sont les candidats qui doivent être admis aux épreuves orales.

Sont exclus des épreuves orales les candidats qui ont obtenu moins de la moitié du total maximum des points afférents aux épreuves écrites, sauf ce qui sera dit plus loin.

Cette exclusion peut être prononcée pour fautes d'orthographe ou pour inexécution de l'une des compositions écrites.

Elle est applicable de droit à ceux qui auraient commis une faute quelconque.

Un supplément de 30 points s'ajoutant à ceux obtenus pour les compositions écrites, est accordé aux candidats qui justifient soit du diplôme de licencié en droit, soit du certificat d'études et de législation algérienne et de coutumes indigènes, ou qui sont pourvus de la prime affectée à la connaissance de la langue arabe, ou bien encore qui justifient de huit ans de services administratifs accomplis en Algérie.

Il n'y aura jamais lieu qu'à un seul supplément de points quand même le candidat réunirait les diverses conditions énumérées ci-dessus.

Épreuves orales.

Les épreuves orales du premier examen portent sur les matières suivantes.

1° Organisation spéciale de l'Algérie : gouverneur général; conseil de gouvernement; administration départementale : préfets, sous-préfets, conseils généraux, conseils de préfecture.

Administration communale : communes de plein exercice, communes-mixtes, communes indigènes ; maires, administrateurs, conseils municipaux, commissions municipales.

Organisation judiciaire : tribunaux français, justice musulmane, cadis; premier et dernier ressort, délais d'appel et de pourvoi.

2° Organisation et attributions des services financiers en Algérie : enregistrement et domaine; contributions directes et cadastre; contributions diverses; service topographique; levés généraux; service des forêts; fonctions respectives des agents de ces divers services.

3° Notions élémentaires de droit civil : distinction du bien, art. 516 à 543; propriété, art. 544 à 577; usufruit, usage et habitation, art. 578 à 636, servitudes; 537 à 710; successions, art. 711 à 784; preuve des obligations, art. 1317 à 1369; ventes, art. 1582 à 1701; antichrèses art. 2085 à 2091.

4° Droit musulman : vente et obligations conventionnelles en général: vente à réméré (tsenia) antichrèses (rahania); usurpations, retrait d'indivision (chefaa); partage, terres mortes et domaine public, habous, donation, témoignage, testament, successions.

5° Domaine public tel qu'il a été constitué en France et en Algérie. Domaine de l'État : biens vacants et sans maître, biens d'origine beylik et d'origine religieuse, forêts, séquestre, mines et minières domaine départemental et domaine communal. Colonisation, régime ancien et régime actuel des attributions territoriales.

Expropriations.

6° Constitution de la propriété en Algérie : ordonnances du 1er octobre 1884 et 21 juillet 1846. Loi du 16 juin 1831. Sénatus-consulte du 22 avril 1863. Loi du 26 juillet 1873.

L'ordre dans lequel les candidats admis aux épreuves orales sont appelés à les subir est déterminé par le sort. La durée de ces épreuves ne doit pas dépasser quarante-cinq minutes pour chaque candidat.

Chacune des parties des épreuves écrites et des épreuves orales donnent lieu à une note variant entre 0 et 20.

La note est constituée par la moyenne des points donnés par chaque examinateur comme expression de son appréciation. La valeur relative de chaque partie des deux épreuves est déterminée par un coefficient ci-après indiqué, que devra être multiplié par le nombre de points accordés.

Épreuves écrites.

1° Dictée................................ 4
2° Problème d'arithmétique 3
3° Géométrie..................... 3
4° Rédaction d'une lettre.......... 5
5°   —   —   5

Épreuves orales.

1° Organisation de l'Algérie.............. 2
2° Des services français................. 2
3° Code civil 3
4° Droit musulman...................... 4
5° Domaine............................. 3
6° Constitution de la propriété........... 4

Ne peuvent être déclarés admissibles que les candidats qui ont réuni la moitié au moins du total du maximum des points afférents aux épreuves écrites et aux épreuves orales.

Le comité d'examen arrête, par ordre de mérite le classement des candidats reconnus admissibles.

Le gouverneur général désigne, au vu des procès-verbaux d'examen et des appréciations du comité, ceux des candidats reconnus non admissibles qui pourront être appelés ultérieurement à subir un nouvel examen ou qui doivent être exclus définitivement.

2e Examen.

Les épreuves écrites du 2e examen à subir après l'accomplissement du stage comprennent les opérations suivantes : établissement de trois lettres, rapports, procès-verbaux ou autres documents concernant spécialement les travaux confiés aux commissaires-enquêteurs, calcul des quote-parts des ayant-droit d'une propriété familiale, d'après un arbre généalogique donné. Le comité d'examen détermine à l'avance le temps accordé pour chacune des épreuves, et le coefficient à leur assigner respectivement La somme des coefficients devra être égale à 24.

Les épreuves portent sur les matières suivantes :

1° Notions élémentaires sur les parties ci-après du Code civil : privilèges et hypothèques, articles 2092 à 2203. Prescription, 2204 à 2281. Et du code de procédure civile : actions possessoires, art. 23 à 27. Enquêtes et visite des lieux par les juges de paix, art. 32 à 43.

Enquêtes, descentes sur les lieux et rapports d'experts en première instance, articles 252 à 323. Péremption, articles 337 à 401.

Désistement, articles 402 à 403. Partages et licitations, articles 966 à 985 sur la transcription hypothécaire.

2° Du droit musulman : mêmes questions que celles formant l'objet du premier examen, mais plus approfondies.

3° Notions générales sur les levés des plans.

4° Connaissance complète des lois, règlements et instructions se rapportant à la propriété indigène. Le candidat devra faire l'exposé détaillé et raisonné de toute la série d'opérations à exécuter pour l'application de la loi dans un douar et répondre à toutes les questions incidentes qui lui seront posées sur les mesures à prendre ou le mode de procéder dans tel ou tel cas.

5° Administration ou aliénation des biens domaniaux : articles 1 à 8 de l'ordonnance du 9 novembre 1845, 17 à 22 du décret du 27 juillet 1860; décret du 6 janvier 1869.

Domaine public : routes nationales, départementales, chemins vicinaux, chemins publics ruraux, caractères qui les distinguent et ressources affectées à leur entretien. Exploitation et amodiation des lacs salés.

Propriété des sources et cours d'eau. Droits d'usage.

6° Forêts : code forestier. Titre 1er du régime forestier.

Titre 3, section 3, de la délimitation et du bornage. Section 8, des droits d'usage dans les prêts de l'État.

Interdiction de défrichement : arrêté du 11 juillet 1838. Forêts de chênes-liège : décret du 2 février 1870. Répressions des incendies, loi du 18 juillet 1874. Les candidats pourront en outre être interrogés incidemment sur toutes les matières qui ont fait l'objet du premier examen.

Il sera donné aux candidats, pour chaque épreuve, une note graduée de 0 à 20, comme il est dit à l'article 10. Cette note sera multipliée pour les épreuves écrites par le coefficient déterminé, comme il est dit à l'article 13 et pour les épreuves orales par le coefficient ci-après indiqué.

1° Droit civil........................   2
2° Droit musulman....................   3
3° Notions sur le levé des plans..........   2
4° Constitution de la propriété...........   5
5° Domaine..........................   2
6° Forêts............................   2

Ne peuvent être déclarés admissibles que les candidats qui réunissent la moitié au moins du total du maximum des points afférents aux épreuves écrites et aux épreuves orales.

Le comité d'examen arrête, d'après les constatations des procès-verbaux de l'examen écrit et de l'examen oral, la liste, par ordre de mérite, des candidats reconnus admissibles.

Cette liste détermine l'ordre des promotions aux emplois vacants de commissaire-enquêteur.

Examen des secrétaires-interprètes.

L'examen se compose d'épreuves écrites et d'épreuves orales.

Les épreuves écrites comprennent les opérations suivantes :

Une page d'écriture faite sous la dictée.

La même page recopiée à main posée. Temps accordé : quarante-cinq minutes.

Dictée en arabe.

Mise au net de la dictée arabe. Temps accordé : quarante-cinq minutes.

4

Thème arabe (traduction d'une lettre ou d'une note). Temps accordé, trois heures.

1re version (traduction d'une lettre arabe en français). Temps accordé : trois heures.

Problème d'arithmétique. Temps accordé : une heure.

2e version (traduction d'un acte arabe). Temps accordé : trois heures.

Les épreuves orales portent sur les matières suivantes :

Grammaire française ; — arithmétique élémentaire ; — successions musulmanes ; — Grammaire arabe élémentaire ; — traductions orales ;

Le candidat reconnu admissible à l'emploi de secrétaire-interprète est nommé secrétaire-interprète stagiaire.

Il est titularisé par le préfet sur les propositions de l'inspecteur et au vu du rapport présenté par le commissaire-enquêteur près duquel le secrétaire interprète exerce ses fonctions.

Aucun agent ne peut être nommé à une classe supérieure avant deux années de service dans la classe immédiatement inférieure.

Les commissaires-enquêteurs doivent se rendre immédiatement au poste qui leur est assigné sous peine d'être considérés comme démissionnaires.

Indépendamment du traitement annuel afférent à leur grade et à leur classe, il est alloué les allocations suivantes :

A l'inspecteur, pour frais de bureau et de loyer, une indemnité de 1,500 francs.

Aux commissaires-enquêteurs, aux géomètres et aux secrétaires-interprètes, des indemnités proportionnelles, analogues à celles fixées pour le service de la topographie.

Les commissaires-enquêteurs touchent une indemnité qui est dans le rapport de 6 à 5 de celle du géomètre, et le secrétaire une indemnité qui est les trois quarts de celle du géomètre.

L'Administration peut, si elle le juge convenable, remplacer les indemnités proportionnelles par des indemnités journalières, savoir :

Sur le terrain.	Commissaire-enquêteur.....	12 fr.
	Géomètre................	10
	Secrétaire...............	8
Au cabinet ...	Commissaire-enquêteur.....	5
	Géomètre................	4
	Secrétaire............	3

VII.

CONTRIBUTIONS DIRECTES.

Les dispositions des lois et règlements régissant en France l'organisation du personnel et les attributions de l'administration des contributions directes, sont applicables en Algérie, sauf certaines modifications relatives au recrutement d'une catégorie d'agents.

Le service des contributions directes comprend en effet deux catégories d'agents.

1° Les agents des contributions directes, empruntés au ministère des finances, dont ils continuent à faire partie.

2° Des répartiteurs, agents secondaires de l'assiette des impôts, recrutés dans la colonie.

Les répartiteurs ont pour attributions, sur tous les points du territoire où leur action paraîtra utile, la préparation des listes des redevables que le contrôleur vérifie ensuite et fait arrêter par les djemaâs ou commissions municipales indigènes; ils concourent à tous les travaux se rattachant à l'assiette de l'impôt arabe dans les formes et les conditions indiquées par le gouverneur général; ils sont placés sous les ordres du chef de service des contributions directes et soumis aux vérifications des inspecteurs et des contrôleurs.

Le personnel des répartiteurs est recruté par la voie du concours.

Nul ne peut être nommé répartiteur titulaire s'il n'a été au moins une année répartiteur-adjoint, et si, après ce stage, il n'a été reconnu apte à entrer définitivement dans les cadres du service.

Le traitement affecté à chaque classe de répartiteurs est fixé ainsi qu'il suit :

1re classe.	3.600 fr.
2e classe.	3.000
3e classe.	2.700
4e classe.	2.400
5e classe.	2.100
6e classe.	1.800

Ces traitements sont soumis à la retenue du vingtième pour les pensions de retraite.

Les répartiteurs adjoints reçoivent une indemnité annuelle de 1,500 francs, non sujette à retenue.

Il est alloué en outre aux répartiteurs titulaires une indemnité de 1,200 francs, pour frais de tournées.

Les répartiteurs-adjoints ont droit à cette même indemnité quand ils gèrent une circonscription à titre d'intérimaire.

La durée du stage, dans chaque classe de répartiteurs, est de deux ans au moins.

Tout candidat à l'emploi de répartiteur-adjoint doit

4.

justifier qu'il a eu vingt ans au moins et trente ans au plus le 1er janvier de l'année du concours. Toutefois les anciens militaires et les employés civils ayant au moins cinq ans de stage dans un service de l'État, d'un département ou d'une commune peuvent être autorisés à prendre part au concours jusqu'à l'âge de trente-six ans accomplis.

Les candidats doivent se faire inscrire au secrétariat du gouvernement général, deux mois au moins avant la date fixée pour l'ouverture des examens.

Tout postulant est tenu de produire, à l'appui de sa demande d'admission au concours :

1° Une expédition dûment légalisée de son acte de naissance.

2° Un certificat des autorités locales, constatant qu'il est Français et qu'il est de bonne vie et mœurs.

Si le candidat a été militaire, il produira en outre son congé de libération ; s'il est ou s'il a été employé dans une administration civile, il produira un certificat délivré par le chef du service attestant qu'il a bien rempli ses fonctions et faisant connaître les motifs de sa sortie de cette administration.

3° Un certificat du médecin désigné par l'administration, constatant qu'il jouit d'une bonne constitution et qu'il n'est atteint d'aucune infirmité qui le rende impropre à un service essentiellement actif.

L'examen consiste en épreuves écrites et en épreuves orales.

Épreuves écrites.

1° Une page d'écriture faite sous la dictée, sur papier non réglé. Le candidat pourra en corriger l'orthographe sur le champ, sans toutefois recourir à aucun livre ni secours étranger.

2° La même page recopiée à main posée.

3° Analyse grammaticale d'une partie du texte de la dictée.

4° Établissement d'états et de tableaux conformes à un modèle indiqué.

5° Solution de problèmes sur les éléments de l'arithmétique et de la géométrie.

6° Solution de questions sur la géographie de la France et de l'Algérie.

7° Rédaction d'une lettre ou d'une note sur un sujet donné.

8° Traduction d'une lettre arabe facile.

9° Dessin et lavis d'un plan.

Épreuves orales.

Les épreuves orales portent sur :

1° Les éléments de la grammaire française,
2°   —   de l'arithmétique,
3°   —   de la géométrie et de l'arpentage,
4° Les examens de la comptabilité,
5°   —   de la langue arabe, notions de grammaire et conversation.

Les examens ont lieu au chef-lieu de chaque département. Les candidats qui ont échoué à un premier examen peuvent être autorisés à se présenter une seconde fois. Après deux échecs, ils sont rayés des listes d'admission au concours.

1° Les répartiteurs touchent une indemnité fixe de 150 francs pour loyer et fournitures de bureau.

2° 0^{fr},0025 par hectare de superficie recensée.

3° 0^{fr},05 par article de rôles des impôts Zekat, Achour et Lezma.

4° 0^{fr},03 par avertissement distribué aux indigènes dans les territoires civils où la recette est encore confiée à des chefs collecteurs.

VIII.

MÉDECINS DE COLONISATION.

Le service médical de colonisation est organisé ainsi qu'il suit :

Les territoires de colonisation sont divisés en circonscriptions médicales à chacune desquelles est attaché un médecin spécial.

Les médecins de colonisation sont nommés par arrêté du gouverneur général sur la proposition des préfets, parmi les docteurs en médecine.

Ils ne peuvent être admis dans les cadres du personnel après l'âge de trente-cinq ans accomplis. Néanmoins ceux qui peuvent justifier de cinq ans de service dans les armées de terre et de mer pourront être admis jusqu'à l'âge de quarante ans révolus.

Les candidats doivent adresser leur demande au gouverneur général, en l'appuyant d'un diplôme, d'un extrait de leur acte de naissance, d'un extrait de leur casier judiciaire, d'un état de leurs services antérieurs ou de leurs travaux scientifiques et de toutes autres pièces propres à faire apprécier leur candidature.

Les médecins de colonisation sont tenus de résider dans le chef-lieu de leur circonscription, à moins que l'Administration ne leur assigne une autre résidence dans l'intérêt du service. Le médecin de colonisation traite gratuitement les malades inscrits sur une liste dressée chaque année par une commission locale et revisée par le conseil municipal de chaque commune de la circonscription.

Il doit également des soins aux personnes étrangères, victimes d'un accident grave et subit, et il constate les décès qui surviennent dans le lieu de sa résidence.

Les avantages accordés aux médecins de colonisation, en dehors de leur clientèle payante, se composent d'un traitement fixe à la charge de l'État, d'une indemnité de logement de 500 francs au minimum ou du logement en nature à la charge des communes de la circonscription et, éventuellement, d'indemnités relatives à la surveillance des enfants de premier âge; des honoraires payés par les départements pour les enfants assistés malades; des rétributions du département pour les vaccinations réussies; enfin de l'indemnité accordée pour la connaissance de la langue arabe.

Les médecins de colonisation sont répartis en cinq classes, qui correspondent aux traitements suivants :

1re classe......................	5.000 fr.
2e classe......................	4.500
3e classe......................	4.000
4e classe......................	3.500
5e classe......................	3.000

La proportion dans chaque classe est fixée comme
suit :

1re classe...............	1/10	de l'effectif.
2e classe...............	2/10	—
3e classe...............	2/10	—
4e classe...............	3/10	—
5e classe...............	2/10	—

L'avancement ne peut être obtenu qu'après deux
ans au moins passés dans la classe immédiatement
inférieure.

Sur la proposition du préfet un avancement exceptionnel peut être accordé, à titre de récompense,
aux médecins de colonisation qui se distinguent pendant les épidémies, sans préjudice des récompenses
honorifiques qui peuvent leur être attribuées.

Dans les localités où il n'existe plus de pharma-
cien, le médecin de colonisation est tenu d'avoir un
approvisionnement de médicaments. Ces médicaments
sont fournis par les hôpitaux civils au prix des
marchés en cours. Les médecins les délivrent aux
habitants de leur circonscription au prix de cession,
augmenté de 15 %.

Les livraisons faites aux personnes soignées gratuitement sont remboursées trimestriellement par
les communes.

IX.

COMMISSAIRES DE POLICE.

Les commissaires de police des communes de l'Algérie, dont la population est supérieure à 6,000 âmes, sont nommés par arrêtés du gouverneur général. Ils sont suspendus dans la même forme et révoqués par décret sur la proposition du gouverneur général.

Nul ne peut être appelé aux fonctions de commissaire de police en Algérie :

1° S'il est âgé de plus de quarante ans ;

2° S'il n'a atteint sa vingt-cinquième année ;

3° S'il n'a été agréé par le gouverneur général.

Les candidats ne pourront se présenter aux examens avant vingt-trois ans; ils ne le pourront plus après trente-neuf ans.

Toutefois, ceux qui justifieront de cinq années de services militaires ou administratifs, seront admis aux épreuves jusqu'à quarante ans.

Les examens ont lieu toutes les fois qu'il en est besoin, à Alger. Les candidats sont prévenus par des convocations individuelles, un mois, au moins, avant la date de l'examen.

Les candidats adressent au gouvernement général de l'Algérie :

1° Une demande d'emploi dans laquelle ils doivent

indiquer s'ils connaissent une ou plusieurs langues étrangères et notamment l'arabe;

2° Une expédition authentique de leur acte de naissance ;

3° Un certificat établissant qu'ils possèdent la qualité de Français ;

4° Un certificat de moralité délivré par le maire de la résidence, et dûment légalisé ;

5° Un extrait du casier judiciaire ;

6° Un certificat de médecin dûment légalisé, constatant que les candidats sont de bonne constitution et exempts de toute infirmité les rendant impropres à faire un service actif;

7° L'acte constatant qu'ils ont satisfait à la loi sur le recrutement ;

8° Des attestations faisant connaître les antécédents des candidats et les études auxquelles ils se sont livrés ;

9° Des états de services, diplômes, certificats, etc., qui auraient pu leur être délivrés, ou des copies de ces pièces dûment certifiées.

La commission d'examen est composée :

D'un conseiller de gouvernement;

D'un délégué du procureur général;

D'un délégué du recteur de l'Académie;

D'un chef ou sous-chef de bureau du gouvernement général;

Du commissaire central de police d'Alger ou d'un autre commissaire ;

D'un professeur d'arabe et d'autres professeurs de langues étrangères, s'il y a lieu.

5

La commission désignera son secrétaire.

Nul ne peut être admis plus de trois fois aux épreuves de l'examen.

Les candidats munis du diplôme de bachelier ès-lettres ou de celui de bachelier ès-sciences sont dispensés de l'examen écrit.

Les commissaires de police, les commissaires spéciaux de police et les inspecteurs spéciaux de police sur les chemins de fer, qui désireront prendre du service en Algérie et qui justifieront d'une connaissance suffisante de la langue arabe ou kabyle et de l'organisation administrative de l'Algérie, sont dispensés des examens écrits et oraux.

L'examen est divisé en deux parties : l'épreuve écrite et l'épreuve orale.

Le candidat ne peut être admis aux épreuves orales que s'il a subi avec succès les épreuves écrites.

PROGRAMME DE L'EXAMEN.

Épreuve écrite.

1° Rédaction d'un procès-verbal ou d'un rapport sur une affaire de service (3 heures).

Écriture	1
Orthographe	2
Rédaction	3

Épreuve orale.

1° *Arithmétique.* — Numération décimale, addition, soustraction, multiplication, division.

Preuve de ces opérations. — Nombre décimaux; fractions, système légal des poids et mesures.

Valeur relative. . . . . **2.**

2° *Histoire et Géographie.* — Notions sommaires d'histoire de France; géographie physique de la France, frontières maritimes et continentales, chaînes de montagnes, bassins, fleuves, rivières et lacs; départements, chefs-lieux, villes principales, réseaux de chemins de fer.

Valeur relative. 2

3° *Notions de droit pénal.* — Du délit en général. — Définition et distinction des crimes, délits et contraventions. Tentatives et commencement d'exécution. — Des peines en matière criminelle ou correctionnelle et de leurs effets. — Notions sur la culpabilité et la non-culpabilité. — Éléments constitutifs du délit. — Circonstances aggravantes. — Excuses, circonstances atténuantes, complicité, connexité, auteurs, co-auteurs, complices. — Des faux commis dans les passe-ports, feuilles de route et certificats. — De la corruption des fonctionnaires publics, des abus d'autorité contre les particuliers. — Rébellion, outrages et violences contre les dépositaires de l'autorité et de la force publique. — Dégradation des monuments. — Vagabondage et mendicité. — Délits commis par voie d'écrits, images et gravures, des associations et réunions illicites, meurtres, menaces, blessures et coups volontaires ou involontaires. — Attentats aux mœurs, arrestations illégales, faux témoignages, calomnies, injures, vol, escroquerie, abus de confiance, infractions commises par les expéditeurs et par les voyageurs. — Destructions, dégradations, dommages, peines de police.

Valeur relative. 3

4° *Notions d'instruction criminelle*, action publique et action civile, délits commis sur le territoire et hors du territoire. — Police judiciaire, officiers de police judiciaire. — Moyens d'information, procès-verbaux, constatations, instruction dans les cas ordinaires, dans les cas de crimes ou de délits flagrants. — Attributions et devoirs des commissaires de police. — Notions générales sur l'organisation et la composition des juridictions pénales.

Valeur relative. 3

5° Notions sommaires sur l'administration algérienne. — Communes de plein exercice. — Communes mixtes et indigènes. — Pouvoirs des maires et des administrateurs. — Administration spéciale des indigènes. — Infraction à l'indigénat. — Pouvoirs disciplinaires.

Valeur relative. 3

6° Loi du 13 juillet 1845 sur la police des chemins de fer.

Ordonnance du 15 novembre 1846 sur la police, la sûreté et l'exploitation des chemins de fer.

Loi municipale du 5 avril 1884, notamment les articles 91 à 109. Organisation actuelle du contrôle de l'État. Attributions des différents fonctionnaires du contrôle.

Valeur relative. 3

7° Notions sur les attributions de fonctionnaires judiciaires, administratifs et militaires.

Valeur relative. 2

8° Langues étrangères.

Valeur relative. . . . , . 3

Il est attribué à chacune des parties du programme une note exprimée par des chiffres variant de 0 à 20. Chacune de ces notes est multipliée par les coefficients exprimant la valeur relative de la partie du programme à laquelle elle se rapporte.

La somme de ces produits forme le total des points obtenus pour l'ensemble des épreuves.

Nul ne peut être admis aux épreuves orales, s'il n'a obtenu pour les trois notes de l'épreuve écrite le chiffre de 60.

Le chiffre 150, minimum pour l'épreuve orale est nécessaire pour que le candidat soit inscrit sur la liste d'admissibilité. Les noms des candidats admis sont publiquement proclamés après l'examen oral.

PERSONNEL DE LA POLICE D'ALGER.

Les cadres du personnel de la police d'Alger et les traitements des commissaires de police et agents composant ce personnel sont fixés ainsi qu'il suit :

1 Commissaire central......................	5.000 fr.
1 Commissaire spécial aux délégations judiciaires...........	de 1.500 à 3.000
5 Commissaires de police d'arrondissement.................	
3 Secrétaires attachés au commissaire central...............	de 1.800 à 2.000
5 Secrétaires de commissariats d'arrondissement	de 1.500 à 2.000
4 Inspecteurs à......................	2.000
5 Sous-inspecteurs à...................	1.800
4 Brigadiers à......................	1.600
30 Agents de 1re classe à................	1.500
50 Agents de 2e classe à................	1.350
16 Agents maures à....................	1.150
2 Gardiens de geôle à..................	1.000
1 Vétérinaire à......................	1.800

Il est également alloué au commissaire central et aux commissaires d'arrondissements des indemnités pour frais de bureau.

MATÉRIEL ET DÉPENSES DIVERSES,

Frais de bureau, chauffage, éclairage du commissariat central...................... 2.500 fr.

Frais de bureau, chauffage, éclairage du commissaire spécial...................... 600

Entretien du mobilier du commissariat central.. 400

Frais de tournées...................... 800

Habillement des agents du service actif (23 à 130 fr.)...................... 2.990

Réserve pour dépenses diverses.............. 1.010

Total.......... 8.300

X.

INSPECTION DES ÉTABLISSEMENTS DE BIEN-FAISANCE ET DES PRISONS EN ALGÉRIE.

Le service d'inspection des établissements hospitaliers et pénitentiaires se divise en deux sections : celle des établissements de bienfaisance et celle des prisons.

L'inspection des établissements de l'une et de l'autre, dans les trois départements algériens, est respectivement confiée à deux fonctionnaires spéciaux.

Ces fonctionnaires ont le siège de leur résidence à Alger. Ils relèvent du gouvernement général et sont spécialement placés sous les ordres du secrétaire général.

Les inspecteurs ont deux sortes d'attributions, dont les unes s'accomplissent pendant la durée de leurs tournées et les autres dans l'intervalle de ces tournées.

L'inspection des établissements de bienfaisance comprend les hôpitaux, hospices, infirmeries et les quartiers d'aliénés annexés à ces établissements; les bureaux de bienfaisance; les enfants trouvés, abandonnés et orphelins; monts-de-piété, dispensaires, caisses d'épargne, sociétés de secours mutuels approuvées, maisons de refuge subventionnées.

L'inspection des prisons comprend les maisons d'arrêt, de justice et de correction ; les geôles municipales ; les maisons centrales de force, de correction ou de réclusion, soumises au régime de l'entreprise ou à la régie, et tous autres établissements de répression.

Le service des inspecteurs est divisé en trois classes, dont les traitements annuels sont fixés comme suit :

1re classe......................	7.000 fr.
2° classe	6.000
3e classe	5.000

Nul ne peut être promu à la classe immédiatement supérieure, s'il ne compte trois années de service dans la classe inférieure.

Les traitements des inspecteurs sont à la charge du budget de l'État.

XI.

INSPECTION ET SURVEILLANCE
DES ENFANTS ASSISTÉS.

La surveillance des enfants assistés est confiée dans chaque département à un inspecteur qui prend le titre d'inspecteur du service des enfants assistés.

Les inspecteurs relèvent directement des préfets et reçoivent sur le budget de l'Algérie, un traitement fixe et des indemnités de déplacement fixées suivant les nécessités du service.

Le gouverneur général civil de l'Algérie nomme ces fonctionnaires: il pourvoit à leur classement et à leur avancement; il fixe le taux de leurs frais de tournées.

Le cadre général du personnel comprend six classes. Les classes sont personnelles. Les traitements fixes correspondant à chacune d'elles, sont fixés ainsi qu'il suit :

1re classe	5.000 fr.
2e classe	4.500
3e classe	4.000
4e classe	3.500
5e classe	3.000
6e classe	2.500

Les inspecteurs ne pourront être promus à une

classe supérieure qu'après trois ans au moins d'exercice dans la classe immédiatement inférieure.

Nul ne pourra être nommé aux fonctions d'inspecteur, s'il n'est âgé de trente ans au moins.

Les inspecteurs sont choisis de préférence dans les catégories suivantes :

Parmi les inspecteurs départementaux de l'assistance publique ;

Parmi les fonctionnaires et employés des diverses administrations publiques, comptant au moins huit ans de services.

Parmi les docteurs en médecine ayant au moins cinq années d'exercice et notamment parmi ceux qui auront été attachés à un service d'assistance, tels que : hôpitaux, bureaux de bienfaisance, médecine de colonisation, service des épidémies.

———

XII.

ASSISTANCE HOSPITALIÈRE.

Les établissements publics consacrés aux aliénés sont placés sous la direction de l'autorité publique.

Les directeurs et les médecins en chef et adjoints sont nommés par le ministre de l'intérieur, sur une liste de trois candidats présentés par les préfets.

Peuvent aussi être appelés aux places vacantes, concurremment avec les candidats présentés par les préfets, les directeurs et les médecins en chef ou adjoints qui ont exercé leurs fonctions pendant trois ans dans d'autres établissements d'aliénés.

Les directeurs, les médecins en chef et les médecins adjoints ne pourront être révoqués que par les ministres de l'intérieur, sur le rapport des préfets.

Le directeur est chargé de l'administration intérieure de l'établissement et de la gestion de ses biens et revenus.

Il pourvoit, sous les conditions prescrites par la loi, à l'admission et à la sortie des personnes placées dans l'établissement. Il nomme les préposés de tous les services de l'établissement; il les révoque s'il y a lieu.

Toutefois les surveillants, les infirmiers et les gardiens doivent être agréés par le médecin en chef;

celui-ci peut demander leur révocation au directeur. Le préfet prononce, en cas de dissentiment.

Le médecin en chef est tenu de résider dans l'établissement. Il peut toutefois être dispensé de cette obligation par une décision spéciale du ministre de l'intérieur, pourvu qu'il fasse chaque jour, au moins une visite générale des aliénés confiés à ses soins, et qu'en cas d'empêchement, il puisse être suppléé par un médecin résidant.

Le cadre des directeurs et des médecins des asiles publics d'aliénés est fixé ainsi qu'il suit :

1° Directeurs et directeurs-médecins.

Classe exceptionnelle, cinq........ 8.000 fr.
1re classe, huit.................... 7.000
2e classe, dix..................... 6.000
3e classe, douze.................. 5.000
4e classe, douze.................. 4.000
5e classe, nombre illimité......... 3.000

2° Médecins en chef.

Classe exceptionnelle, quatre....... 8.000
1re classe, quatre................. 7.000
2e classe, quatre................. 6.000
3e classe, six.................... 5.000
4e classe, six.................... 4.000
5e classe, nombre illimité......... 3.000

3° Médecins adjoints.

Classe exceptionnelle, deux........ 4.000
1re classe, quatre................. 3.000
2e classe, six.................... 2.500
3e classe, nombre illimité......... 2.000

Le classement et l'avancement des titulaires des emplois sus-mentionnés ont lieu en vertu d'arrêtés du ministre de l'intérieur.

Les directeurs et les médecins en chef ne peuvent être promus à une classe supérieure qu'après trois années passées dans la classe immédiatement inférieure.

Les médecins-adjoints peuvent être promus à une classe supérieure après deux années seulement passées dans la classe immédiatement inférieure.

Les trois départements de l'Algérie ont apporté chacun leur contingent pour la construction d'un asile d'aliénés à la Bouzaréa, village situé près d'Alger.

L'édifice est en construction et dès que les services y seront organisés les malades pourront y être soignés au lieu d'être transportés à l'asile d'Aix.

XIII.

INTERPRÈTES JUDICIAIRES.

Les interprètes judiciaires sont compris dans deux catégories : l'une attachée spécialement au service des tribunaux, et l'autre, sous le titre de traducteurs assermentés est chargée de traduire les actes passés devant les officiers publics, ainsi que les écrits produits en justice.

Les interprètes de l'une et l'autre classe sont nommés à la suite d'examens; ils sont rétribués les premiers par un traitement fixe, les seconds par des vacations ou des droits de traduction.

Le traitement des interprètes judiciaires est fixé ainsi qu'il suit :

Interprète de la langue arabe attaché à la cour d'appel.......................... 3.000 fr.
Interprète de la langue arabe attaché au tribunal de 1re instance d'Alger.................. 3.000
Interprète au tribunal de commerce et aux justices de paix............................ 2.400
Interprètes aux justices de paix des villes de l'Algérie............................... 1.500

Nul ne peut être nommé interprète-traducteur s'il n'est âgé de vingt et un ans accomplis, s'il n'est Fran-

çais ou résidant en Algérie depuis trois ans, et s'il ne justifie, par examen subi devant une commission spéciale désignée par le procureur général, qu'il sait :
1° parler et écrire correctement la langue française ;
2° traduire d'après le langage parlé et l'écriture usuelle les langues pour lesquelles il demande à être nommé.

3° Parler familièrement les mêmes langues et les écrire en caractères usuels.

Les interprètes judiciaires de l'Algérie sont divisés en trois classes :

1re classe : interprètes judiciaires près la cour d'appel d'Alger. — Les conditions d'admission sont celles exigées des interprètes militaires de 1re classe. 2e classe : interprètes judiciaires près les tribunaux de 1re instance ou de commerce ; les conditions d'admission sont celles exigées des interprètes militaires de 2e classe. 3e classe : Interprètes judiciaires près les justices de paix. — Les conditions d'aptitude sont celles des interprètes militaires de 3e classe.

Les interprètes de deuxième et de troisième classe sont soumis à un examen annuel.

Les droits et honoraires dus aux interprètes traducteurs assermentés sont fixés comme suit :

Lorsqu'il y aura lieu d'assister les notaires, pour tous actes et conventions, le quart des honoraires des notaires, sans que ce quart puisse être inférieur à 3 francs, ni dépasser 50 francs ; pour les inventaires, la moitié des droits de vacation et de transport, s'il y a lieu, accordés au notaire ; lorsqu'il y aura lieu d'assister les huissiers dans les actes d'exécution, les mêmes droits de vacation et d'indemnités pour frais de transport, que ceux alloués aux huissiers.

Pour traduction d'actes : — de l'arabe, de l'hébreu, de l'arabe-hébreu et du turc en français, 3 francs par rôle de traduction de vingt-cinq lignes à la page et quinze syllabes à la ligne : du français en arabe, 4 francs par rôle d'original le rôle calculé comme ci-dessus; de toute langue européenne étrangère en français, 2 francs par rôle de traduction pour légalisation de signatures 0 fr. 50.

XIV.

INTERPRÈTES MILITAIRES.

Les interprètes employés aux armées sont désignés sous le titre d'interprètes militaires.

Ils sont distingués en interprètes titulaires comprenant des interprètes principaux et des interprètes de première, deuxième et troisième classe, et en interprètes auxiliaires.

Le cadre comprend :

  5 interprètes principaux,
  8 interprètes de première classe,
12 interprètes de deuxième classe,
15 interprètes de troisième classe.

Nul ne peut entrer dans le cadre des interprètes titulaires s'il n'est Français ou naturalisé Français, et s'il n'a satisfait à la loi du recrutement.

Les interprètes sont nommés par décret présidentiel sur la proposition du ministre de la guerre.

Les dispositions de la loi du 19 mai 1833 sur l'état des officiers leur est applicable.

Les interprètes titulaires de troisième classe sont choisis parmi les interprètes auxiliaires de première classe et, exceptionnellement, parmi les candidats qui, après avoir satisfait aux épreuves d'un concours,

seraient spécialement proposés par la commission
d'examen.

Les interprètes auxiliaires non Français sont susceptibles, après dix ans de service, d'être nommés
interprètes titulaires de troisième classe, à la condition d'être en instance pour obtenir des lettres de
naturalisation, ou de faire immédiatement les décla-
rations exigées par la loi ; ils devront en outre avoir
satisfait aux épreuves prescrites devant la commission d'examen.

L'avancement a lieu, en totalité au choix, dans l'ordre des grades et des classes.

Nul ne peut être nommé à une classe supérieure,
s'il n'a servi deux ans au moins dans la classe inférieure, et s'il n'a été porté au tableau d'avancement.

Nul ne peut être nommé interprète principal s'il
n'a servi pendant trois ans comme interprète de première classe et s'il n'a été inscrit au tableau d'avancement.

Une commission d'examen, composée par des
règles déterminées par le ministre de la guerre, se
réunit tous les deux ans, à Alger, à Oran, et à Constantine, à l'époque des inspections générales, pour dres-
ser le tableau d'avancement des interprètes titulaires.

Le temps exigé pour passer d'un grade ou d'une
classe à un autre n'est pas obligatoire dans le cas
d'une proposition exceptionnelle du gouverneur général, basée sur des services extraordinaires constatés
par un rapport circonstancié et tout spécial.

Les interprètes auxiliaires sont divisés en deux

classes; ils sont nommés par le ministre de la guerre, ou en vertu de sa délégation par le gouverneur général.

Le programme d'examen des candidats est fixé par le ministre.

Nul ne peut être admis en qualité d'interprète auxiliaire de deuxième classe, 1° s'il ne justifie d'une moralité irréprochable; 2° s'il n'est âgé de dix-huit ans révolus; 3° s'il n'est présenté par la commission d'examen.

Chaque année le tableau d'avancement des interprètes auxiliaires est arrêté par le gouverneur général, d'après le dernier classement établi par la commission d'examen.

Les interprètes auxiliaires peuvent être licenciés lorsque leur concours n'est plus nécessaire, ou révoqués pour motifs de discipline, par le gouverneur général.

La hiérarchie des interprètes est toute spéciale et ne comporte, ni directement, ni indirectement, ni par assimilation, de grade militaire.

Les interprètes titulaires et auxiliaires employés à un service actif, peuvent être autorisés à prendre à la remonte de l'armée un cheval à titre gratuit, conformément aux règlements en vigueur.

Les allocations annuelles attribuées selon leur grade dans la Légion d'honneur aux militaires membres de l'ordre, sont applicables aux interprètes militaires.

L'habillement des interprètes se divise en grande tenue et en tenue journalière.

Grande tenue. — Une tunique avec broderies au collet et aux parements, suivant le grade, en drap bleu foncé boutonnant droit sur la poitrine au moyen d'une seule rangée de neuf gros boutons demi-bombés, en cuivre doré, estampé sur fond sablé d'une tête de sphinx encadrée par une couronne d'olivier.

Pantalon en drap garance, demi-largeur, orné d'un passepoil en drap bleu de ciel, accompagné, de chaque côté, d'une bande aussi en drap bleu de ciel.

Képi rigide, cocarde avec ganse en or.

Épée du modèle de l'état-major.

Éperons en cuivre doré.

Petite tenue. — Dolman en drap bleu foncé se fermant droit sur la poitrine, orné de sept brandebourgs en tresse carrée en poil de chèvre noir portant un bouton d'uniforme à l'extrémité, de telle sorte que le dolman étant boutonné ils dessinent sur la poitrine un ornement en forme de plastron portant, trois rangées de boutons.

Manteau bleu foncé.

Pantalon garance.

Képi rigide.

Sabre de cavalerie légère, revolver.

Harnachement. — Selle en cuir fauve, tapis en drap foncé bordé d'un galon garance, brides en cuir noir verni.

La solde des interprètes est ainsi fixée, nette de retenue.

Interprètes principaux.........	5.528 fr. 57
Interprètes de 1re classe........	3.746 fr. 92
— de 2e classe........	2.992 fr. 87
— de 3e classe........	2.352 fr. 02
Interprètes de 1re classe........	2.020 fr. 40
auxiliaires de 2e classe........	1.726 fr. 53

L'indemnité de résidence est fixée, en Algérie, à 1f,35 par jour pour les interprètes principaux; 1f,05 pour les autres interprètes, titulaires ou auxiliaires.

La limite d'âge pour la retraite des interprètes principaux est fixée à soixante ans; des interprètes de 1re et de 2e classe est fixée à cinquante-huit ans; celle des interprètes de 3e classe et des auxiliaires à cinquante-six ans.

XV.

PONTS ET CHAUSSÉES ET MINES.

Les services des ponts et chaussées et des mines, sont des services détachés de ceux de la Métropole.

Les traitements et accessoires de traitement des fonctionnaires de ces services sont compris dans le tableau.

GRADES.	TRAITEMENT.	FRAIS DE TOURNÉES.	FRAIS DE LOYERS ET BUREAUX.	TOTAL.
	fr.	fr.	fr.	fr.
Ingénieurs en chef, 1re classe.........	10.000	4.500	3.000	17.500
— — 2e classe.........	8.750	4.500	3.000	16.250
	7.500	4.500	3.000	15.000
Ingénieurs ordinaires faisant fonctions d'ingénieur en chef, 1re classe......	5.625	4.500	3.000	13.125
Ingénieurs ordinaires faisant fonctions d'ingénieur en chef, 2e classe......	4.375	4.500	3.000	11.875
Ingénieurs ordinaires, 1re classe.	5.625	3.000	2.000	10.625
— — 2e classe	4.375	3.000	2.000	9.375
— — 3e classe	3.125	3.000	2.000	8.125
Élèves ingénieurs de 1re, 2e ou 3e cl...	2.250	2.500	2.000	6.750
Conducteurs ou garde-mines, principal.	3.500	600		4.100
— — 1re classe.	3.000	600		3.600
— — 2e classe.	2.625	600		3.225
— — 3e classe.	2.250	600		2.850
— — 4e classe.	2.000	600		2.600
Conducteurs auxiliaires de 5e classe ou garde-mines.................	1.750	600		2.350

PERSONNEL SECONDAIRE DES MINES.

Les agents du service des mines, attaché au service des bureaux des ingénieurs comme expéditionnaires-dessinateurs prennent le titre d'agents secondaires des mines.

Ils sont divisés en cinq classes pour chacune desquelles le traitement annuel est fixé ainsi qu'il suit :

1re classe	2.800 fr.
2e classe	2.400
3e classe	2.100
4e classe	1.800
5e classe	1.500

Ces traitements, non susceptibles d'augmentation à titre de supplément colonial, sont soumis aux retenues prescrites par la loi du 9 juin 1853 sur les pensions civiles.

Le cadre du personnel des agents secondaires comprend l'expéditionnaire-dessinateur pour le bureau de chaque ingénieur des mines. Ce cadre peut être modifié en cas de besoin par le gouverneur général des mines sur la proposition de l'inspecteur général des mines.

Les employés secondaires des mines sont nommés par le préfet sur la proposition de l'ingénieur en chef.

Nul ne peut être nommé employé secondaire des

mines s'il n'a été reconnu apte à en remplir les fonctions, à la suite de l'examen ci-après :

1° Écriture ;

2° Principes de langue française ;

3° Arithmétique élémentaire. — Exposition du
système métrique, des poids et mesures ;

4° Notions de géométrie relatives à la mesure des
angles, des surfaces et des solides, dessin et colo-
riage avec des teintes conventionnelles des plans ;

5° Cartes géographiques ou géologiques; machines
et chaudières à vapeur; ou s'il n'a été déclaré, par
décision de M. le ministre des Travaux publics,
admissible au grade de garde-mines.

L'examen relaté ci-dessus a lieu devant un ingénieur des mines de l'Algérie.

Les anciens militaires porteurs d'un congé régulier et d'un certificat de bonne conduite sont admis
de préférence, à mérite égal, à la condition d'avoir,
au moment de l'examen, moins de trente-cinq ans.

Tous autres candidats devront avoir plus de
dix-huit ans et moins de vingt-huit au moment de
l'examen.

Les candidats reconnus aptes à l'examen peuvent
être nommés à la 3e ou à la 4e classe, d'après les
résultats de leur examen et eu égard à leur âge, à
leurs antécédents, à leurs charges de famille, à la
cherté de la vie dans chaque localité et au degré des
services qu'ils peuvent rendre.

Les candidats déclarés admissibles au grade de

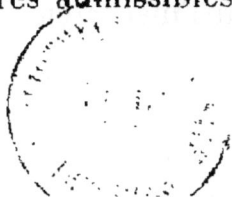

garde-mines peuvent être nommés employés secondaires de 3e ou de 4o classe.

Les employés secondaires ne peuvent passer à une classe supérieure qu'après trois ans de service dans le grade qu'ils occupent.

A chaque service d'ingénieur en chef ne peut être attaché qu'un employé secondaire de 1re classe.

Ces employés sont pris parmi les employés de 2e classe ayant au moins dix ans de service depuis leur première promotion, et porteurs d'un certificat d'aptitude délivré par l'ingénieur en chef.

Ce certificat doit en outre constater qu'ils ont acquis les connaissances suivantes :

Pratique du lever des plans de surface, des plans souterrains de mines et du nivellement. Mise au net de ces divers plans.

En cas de négligence dans le service ou d'actes répréhensibles, les punitions encourues par ces agents sont :

1o La retenue d'une partie ou de la totalité du traitement du mois, pendant lequel la faute a été commise;

2o L'abaissement d'une classe;

3o La révocation.

La retenue du traitement et l'abaissement d'une classe sont prononcés par le préfet, sur le rapport de l'ingénieur en chef.

La révocation est prononcée par le gouverneur général sur le rapport de l'ingénieur en chef, et l'avis du préfet et de l'inspecteur général des mines.

PERSONNEL SECONDAIRE DES PONTS ET CHAUSSÉES.

AGENTS SECONDAIRES.

Les commis comptables, commis dessinateurs, commis commissionnaires à la surveillance des travaux ou au service des bureaux des ingénieurs en Algérie, portent le titre d'agents secondaires des ponts et chaussées.

Cadre.

Ils sont divisés en cinq classes.

1re classe	2.800
2e classe	2.400
3e classe	2.100
4e classe	1.800
5e classe	1.500

Ces traitements, non susceptibles d'augmentation à titre de supplément colonial, sont soumis aux retenues prescrites par la loi sur les pensions civiles.

Nomination.

Ces employés secondaires sont nommés par le préfet, sur la proposition de l'ingénieur en chef.

Conditions d'admission, examen.

L'examen porte sur les connaissances ci-après.

Écriture. — Langue française. — Arithmétique élémentaire système métrique des poids et mesures. — Notions de géométrie relatives à la mesure des angles, des surfaces et des solides. — Éléments de dessin linéaire.

Sont dispensés de l'examen les candidats admissibles au grade de conducteur auxiliaire.

Les canditats doivent avoir plus de dix-huit ans et moins de vingt-huit ans au moment de l'examen.

Les militaires porteurs d'un congé régulier et les piqueurs ou surveillants temporaires qui comptent plus de cinq ans sur les chantiers de l'État en Algérie peuvent concourir en Algérie.

Les candidats reconnus aptes à remplir les fonctions d'employés secondaires, peuvent être nommés dans la cinquième ou la quatrième classe, d'après les résultats de leur examen, et eu égard à leur âge, à leurs antécédents, à leurs charges de familles.

Les candidats déclarés admissibles au grade de conducteur auxiliaire, peuvent être nommés employés secondaires de troisième ou de quatrième classe.

Avancement.

L'avancement d'une classe à une classe supérieure ne peut avoir lieu que tous les trois ans.

XVI.

VOIRIE DÉPARTEMENTALE D'ALGER.

Le service de la voirie départementale, à la tête duquel est placé un agent-voyer en chef, sous l'autorité du préfet, s'occupe de la construction, de la réparation et de l'entretien des chemins vicinaux de grande communication, d'intérêt commun, et des chemins vicinaux ordinaires.

On peut se faire une idée de l'importance considérable de ce service, si l'on considère que le département d'Alger, égal en étendue à sept départements français, possède une route départementale, vingt-six chemins de grande communication et trente chemins d'intérêt commun.

Les agents-voyers départementaux s'occupent également de la vicinalité ordinaire pour cent dix-sept communes qui, d'ailleurs, fournissent leur contingent pour assurer le traitement de ces fonctionnaires.

Le service de la voirie départementale a également sous sa direction l'entretien des bâtiments départementaux, tels que casernes, prisons, hôpitaux, etc., ainsi que le contrôle des chemins de fer départementaux tout récemment votés par le conseil général.

Le département d'Alger est divisé en 6 arrondissements vicinaux : Alger, Blida, Médéa, Miliana, Orléansville et Tiziouzou.

Chaque arrondissement est subdivisé en circonscriptions cantonales.

Le département renferme actuellement trente-quatre
circonscriptions cantonales.

Le personnel commissionné se compose :

1° d'un agent-voyer en chef.

2° d'un agent-voyer d'arrondissement, inspecteur.

3° d'agents-voyers d'arrondissements.

4° d'agents-voyers principaux.

5° d'agents-voyers ordinaires.

6° d'agents-voyers secondaires.

7° d'agents auxiliaires.

Les traitements assignés aux emplois ci-dessus sont
réglés ainsi qu'il suit :

Agent-voyer en chef..................	12.000 fr.
— inspecteur................	6.000
— d'arrondissement, 1re classe.	6.000
— — 2e classe.	5.000
Agent-voyer d'arrondissement, chef du bureau central......................	5.000
Agent-voyer principal................	4.350
— ordinaire, 1re classe........	3.850
— 2e classe........	3.350
— 3e classe........	2.850
— 4e classe........	2.475
Agents-voyers secondaires, hors classe....	2.800
— 1re classe....	2.400
— 2e classe....	2.100
— 3e classe....	1.800

Il est en outre alloué à l'agent-voyer en chef une

indemnité de tournées et de frais de bureau s'élevant à 6000 fr.

A l'inspecteur, 5500 fr.

Aux agents-voyers d'arrondissement, 5000 fr.

Aux agents principaux ordinaires ou secondaires chargés d'une circonscription, une indemnité de tournées de 800 fr. ou de 1000 fr., selon l'importance de la circonscription.

Il est également alloué à ces derniers une indemnité de loyers de bureaux et de magasins, variant de 300 à 480 francs.

Tous les agents du service vicinal sont nommés par le préfet.

Les agents-voyers d'arrondissement sont pris parmi les agents-voyers principaux.

Les agents-voyers principaux, parmi les agents-voyers ordinaires de 1re classe.

Les agents-voyers ordinaires et secondaires sont nommés à la suite d'examens publics.

Peuvent également être nommés agents-voyers ordinaires de 4e classe, ceux qui justifient d'un diplôme de sortie de l'école centrale des Arts et manufactures, et font preuve des connaissances pratiques exigées dans la 2e partie de l'examen.

Les conducteurs des ponts et chaussées peuvent également être nommés agents-voyers à une classe que l'administration décide selon leurs aptitudes.

PROGRAMME DES CONNAISSANCES EXIGÉES POUR L'ADMIS-
SIBILITÉ A L'EMPLOI D'AGENT-VOYER ORDINAIRE DANS LE
DÉPARTEMENT D'ALGER.

1° Écriture courante, nette et très lisible............   3
2° Principes de la langue française. — Dictée et rapport
    sur une affaire de service.......................   4
3° Arithmétique, y compris les progressions et le sys-
    tème métrique légal...........................   5
4° Algèbre, jusques et y compris les équations du second
    degré à une inconnue..........................   1
5° Logarithmes (Construction et usage des tables).....   2
6° Géométrie plane et dans l'espace (on insistera sur la
    mesure des surfaces et des volumes...............   5
7° Statique élémentaire et conditions d'équilibre des
    machines simples et composées..................   1
8° Trigonométrie rectiligne (usage des tables de sinus).   2
9° Notions de géométrie descriptive (avec quelques appli-
    cations à la coupe des pierres et à la charpente.....   2
10° Dessin graphique et lavis......................   4
11° Lever des plans..............................   4
12° Nivellement.................................   4
13° Cubature des terrasses et mouvement des terres...   4
14° Pratique des travaux (Notions sur les matériaux de
    construction) sur l'entretien des routes et sur la pra-
    tique des travaux en général; métré d'un ouvrage d'art
    et rédaction d'un projet de chemin avec ponceau en
    maçonnerie ou en charpente....................   5
15° Pratique du service et notions sommaires sur la lé-
    gislation des chemins vicinaux, sur la tenue des

    A reporter.................   46

Report...................... 46

bureaux et sur le service des cantonniers, programme sur la rédaction des projets; clauses et conditions générales imposées aux entrepreneurs. (Loi du 21 mai 1836, ordonnances du 1er octobre 1844, décrets des 5 juillet, 3 septembre 1854; décrets des 12 juin, 6 août 1858 et 29 septembre 1859; décret du 23 septembre 1875 et instruction générale du 15 mars 1878; aptitudes spéciales et services techniques antérieurs.. 5

Total...................... 51

PROGRAMME DES CONNAISSANCES EXIGÉES POUR L'ADMISSIBILITÉ A L'EMPLOI D'AGENT-VOYER SECONDAIRE.

1° Écriture courante nette et très lisible.......... 4

2° Principes de la langue française............. 4

3° Arithmétique élémentaire et système métrique. 5

4° Géométrie élémentaire................... 5

5° Dessin graphique et lavis.................. 4

6° Lever des plans......................... 4

7° Nivellement........................... 4

8° Aptitudes spéciales et services rendus dans la voirie départementale.................... 5

9° Règlement sur la comptabilité vicinale et tenue de bureau.............................. 6

Total................. 41

XVII.

VOIRIE DÉPARTEMENTALE D'ORAN.

La voirie départementale d'Oran est placée sous les ordres du préfet.

CADRES.

Le cadre comprend :

    1 agent-voyer en chef.
    1 agent inspecteur.
    1 agent principal.
    9 agents ordinaires.
    1 agent-voyer comptable.
    1 agent auxiliaire.
  12 agents secondaires.
    1 garçon de bureau.

TRAITEMENTS.

Agent-voyer en chef.................	16.000 fr.
Agent inspecteur de 1re classe..........	8.000
Agent principal.......................	4.000
Agents ordinaires de 1re classe.........	4.500
— 2e classe.........	4.200
— 3º classe.........	3.900
— 4e classe.........	3.400
— 5e classe.........	3.100

Agent comptable de 3ᵉ classe..........	2.400
Agent auxiliaire....................	2.100
Agents secondaires, 1ʳᵉ classe..........	2.700
— 1ʳᵉ classe (bureaux).	2.100
— 2ᵉ classe...........	1.666
1 garçon de bureau..................	960

XVIII.

ORGANISATION JUDICIAIRE.

Les traitements des magistrats de la cour d'appel d'Alger sont fixés ainsi qu'il suit :

Premier président........	18.000 fr.
Présidents..............	10.000
Conseillers	7.000
Procureur général........	18.000
Avocats généraux........	8.000
Substituts..............	6.000

Le tribunal d'Alger est assimilé, au point de vue du traitement des magistrats, aux tribunaux siégeant dans les villes dont la population atteint 80000 âmes.

Présidents..............	10.000 fr.
Vice-présidents	7.000
Juges d'instruction.......	6.500
Juges..................	6.000
Procureurs	10.000
Substituts	5.000

Les traitements des magistrats des tribunaux de Constantine, d'Oran, de Blida, de Bône et de Tlemcen, sont :

Présidents..............	7.000 fr.
Vice-présidents..........	5.500
Juges d'instruction	5.000
Juges..................	4.000
Procureurs.............	7.000
Substituts.............	3.500

Les traitements des magistrats des tribunaux de Batna, Bougie, Guelma, Mascara, Mostaganem, Orléansville, Philippeville, Sétif, Sidi-bel-Abbès et Tizi-ouzou, sont ainsi fixés :

Présidents..............	6.000 fr.
Juges d'instruction	4.300
Juges..................	3.750
Procureurs.............	6.000
Substituts.............	3.500

JUGES DE PAIX.

Nul ne peut être nommé juge de paix en Algérie, s'il n'est licencié en droit.

Les juges de paix sont divisés en quatre classes.

1re classe..............	4.000 fr.
2e classe..............	3.500
3e classe..............	3.000
4e classe..............	2.700

Les juges de paix n'ont droit à une classe supépérieure qu'après un an de fonctions dans la classe,

7

immédiatement inférieure et dans la même circonscription.

Il y a une justice de paix dans chaque commune de plein exercice ou mixte.

———

XIX.

GREFFIERS DES TRIBUNAUX
ET DES JUSTICES DE PAIX.

Les greffiers en Algérie sont divisés en trois classes.

La première classe comprend les greffiers de la cour d'appel;

La seconde, les greffiers des tribunaux de première instance;

La troisième, les greffiers des justices de paix.

COMMIS-GREFFIERS.

Les commis-greffiers rétribués par l'État près la cour d'appel ou les tribunaux de première instance, sont nommés et présentés au serment par les greffiers en chef, sous l'approbation de ces juridictions.

Ils sont hiérarchiquement assimilés aux greffiers de la troisième classe.

Condition de nomination.

GREFFIER EN CHEF.

Nul ne peut être nommé greffier en chef de la cour d'appel, s'il n'est licencié en droit, âgé de 27 ans accomplis, et s'il ne justifie qu'il a exercé pendant cinq ans au moins, en France ou en Algérie, les fonctions de greffier d'un tribunal de première instance.

GREFFIERS DES TRIBUNAUX DE 1re INSTANCE.

Nul ne peut être nommé greffier d'un tribunal de première instance ou de commerce, s'il ne justifie qu'il a exercé pendant cinq ans au moins, en Algérie, les fonctions de greffier de justice de paix ou de commis-greffier rétribué par l'État, près la cour ou les tribunaux de première instance; si en dehors des conditions requise d'âge et de moralité, il ne justifie :

1° Qu'il a subi avec succès l'examen institué par l'article ci-après.

2° Qu'il a travaillé pendant deux ans au moins, en Algérie, et en qualité soit de commis-greffier non rétribué par l'État près un tribunal de première instance, soit de commis-greffier de paix, soit de secrétaire de la première présidence ou du parquet, soit de clerc appointé chez un notaire, un défenseur, un avoué ou un huissier, soit enfin de commis de l'enregistrement et des domaines ou d'une conservation d'hypothèques.

EXAMEN.

La commission d'examen siège au chef-lieu de l'arrondissement judiciaire, et est composée du président du tribunal et du procureur de la république, ou des magistrats délégués par eux, et d'un troisième membre désigné par le procureur général, parmi les greffiers ; les notaires, les défenseurs ou avoués ou les receveurs de l'enregistrement et des domaines en exercice dans l'arrondissement.

Tout candidat qui peut produire l'un des certificats d'études de droit administratif, de législation algérienne et de coutumes indigènes, est dispensé de l'examen.

CURATEURS AUX SUCCESSIONS VACANTES.

Les greffiers de justice de paix sont exclusivement chargés, dans les localités autres que celles où il existe un tribunal de première instance, des fonctions de curateurs aux successions vacantes, telles qu'elles sont déterminées par l'ordonnance du 26 décembre 1842.

Le traitement des greffiers est fixé de la manière suivante :

Greffier en chef de la cour d'appel	4.200 fr.
Commis greffiers	3.500
Greffier du tribunal de 1re instance d'Alger	3.000
Commis greffier du même tribunal	2.400
Greffiers des tribunaux d'arrondissement	2.500
Commis greffiers	1.500
Greffiers des tribunaux de commerce	1.200
Greffiers des justices de paix	1.000

Les greffiers de l'Algérie sont soumis à un cautionnement fixé, savoir :

Greffier de la cour........................ 4.000 fr.
Greffier du tribunal de 1re instance d'Alger.... 4.000
Greffier du tribunal de commerce d'Alger..... 4.000
Greffier du tribunal de commerce d'Oran et de
    Constantine............................ 3.000
Greffiers des tribunaux d'arrondissement...... 3.000
Greffiers des justices de paix d'Alger........ 2.000
    —   —   autres villes.... 1.500

XX.

NOTAIRES.

Les notaires sont institués en Algérie, pour y recevoir tous les actes et contrats auxquels les parties doivent ou veulent faire donner le caractère d'authenticité, attaché aux actes de l'autorité publique, pour en assurer la date, en conserver le dépôt, en délivrer des grosses et expéditions et remplir toutes autres fonctions qui sont attribuées aux notaires de France.

Les notaires sont nommés par le ministre de la justice.

L'arrêté de nomination fixe la résidence dans laquelle ils devront s'établir.

Nul ne peut être nommé notaire :

1° S'il n'est Français ;

2° S'il n'est âgé de vingt-cinq ans accomplis ;

3° S'il n'a satisfait à la loi du recrutement de l'armée ;

4° S'il ne jouit de ses droits civils et politiques ;

5° S'il ne justifie du certificat d'études de droit administratif et de coutumes indigènes ;

6° Si hors les cas de dispense prévus ci-dessous, il ne justifie de l'accomplissement du temps de stage ou de travail dans une étude de notaire.

Le temps de travail est de cinq années entières et consécutives dont une au moins en qualité de pre-

mier clerc, dans l'étude d'un notaire de France ou
d'Algérie.

Cependant, peuvent être dispensés de la justifica-
tion de tout ou partie du stage :

1° les avocats, avoués ou défenseurs, ayant exercé
leur profession en France ou en Algérie, pendant
plus de deux années,

2° les aspirants qui auraient rempli, pendant cinq
années, au moins, des fonctions administratives ou
judiciaires.

Tout aspirant à l'emploi de notaire, même dispensé du stage, doit se pourvoir à l'effet d'obtenir
un certificat de capacité et de moralité.

Ce certificat est délivré par une commission composée d'un magistrat et de deux notaires en exercice
dans la même résidence.

Les notaires sont assujettis à un cautionnement
fixé à 6,000 francs pour la résidence d'Alger et à
4,000 pour les autres résidences.

Les offices de notaire sont incessibles; il ne peut
être traité, sous aucun prétexte, à prix d'argent, ou
moyennant tout autre prix, quelle qu'en soit la
nature, soit par le titulaire, soit par ses héritiers ou
ayants cause, de la cession de son titre et de sa
clientèle.

Cette mesure démocratique, toute différente de ce
qui se passe en France, où les charges se vendent, et
atteignent même quelquefois un million, permet
même aux plus humbles, l'accès des fonctions nota-
riales.

XXI.

COMMISSAIRES-PRISEURS.

Les commissaires-priseurs institués en Algérie procèdent exclusivement dans le lieu de leur résidence et dans un rayon de 4 kilomètres, à la vente aux enchères publiques de tous les biens meubles et marchandises neuves ou d'occasion à l'exception des droits mobiliers incorporels, dont la vente s'effectue par le ministère des notaires.

Nul n'est admis aux fonctions de commissaire-priseur :

1° S'il n'est Français ou domicilié en Algérie depuis cinq ans;

2° S'il n'a satisfait aux lois sur le recrutement de l'armée;

3° S'il n'est âgé de vingt-cinq ans accomplis;

4° S'il ne justifie de sa moralité.

Il est alloué aux commissaires-priseurs :

1° Pour droit de prisée et par chaque vacation de trois heures, 6 francs;

2° Pour assistance aux référés, 5 francs;

3° Pour tous droits de vente, non compris les déboursés faits pour y parvenir et pour en acquitter les droits, 7f,50 pour 100 quel que soit le produit de la vente.

Toutes perceptions directes ou indirectes, autres que celles autorisées sont formellement interdites.

L'infraction à cette disposition sera punie de destitution.

Le cautionnement des commissaires-priseurs du mont-de-piété d'Alger est fixé à 5,000 francs.

———————

XXII.

HUISSIERS.

Nul ne peut être admis aux fonctions d'huissier :
1° S'il n'est Français ;
2° S'il n'est âgé de vingt-cinq ans accomplis ;
3° S'il ne jouit de ses droits civils et politiques ;
4° S'il n'a satisfait à la loi du recrutement ;
5° S'il n'a travaillé pendant deux années au moins soit dans un greffe, soit dans l'étude d'un avoué, d'un défenseur, d'un notaire ou d'un huissier ;
6° S'il ne justifie de sa moralité.

Les huissiers sont nommés par le ministre, sur la proposition du procureur général.

L'arrêté de nomination les attache à une résidence déterminée.

Les huissiers sont assujettis à un cautionnement en numéraire, fixé savoir : pour ceux de l'arrondissement d'Alger à 2,000ᶠ et pour ceux des autres arrondissements à 1,200ᶠ.

Les droits honoraires dus aux huissiers, pour les actes de leur ministère, sont réglés d'après le tarif du 16 février 1807 et sur le taux de la taxe accordée aux huissiers de Paris.

Les rôles d'écriture leur sont également payés d'après les tarifs de Paris, conformément au même décret.

XXIII.

COURTIERS MARITIMES.

Nul ne peut être admis aux fonctions de courtier maritime :

1° S'il n'est Français ;

2° S'il n'a vingt-cinq ans accomplis ;

3° S'il n'a satisfait à la loi du recrutement ;

4° S'il ne réside depuis deux ans au moins en Algérie, dont un au moins dans la ville où il demande à exercer lesdites fonctions ;

5° S'il ne produit un certificat de moralité et s'il n'a fait vérifier sa capacité.

Les courtiers peuvent exercer leur ministère à l'égard de tous navires, à quelque nation qu'ils appartiennent.

Le nombre des courtiers maritimes est ainsi fixé :

Département d'Alger.

Alger..................... 4
Dellys.................... 1
Cherchell................. 1
Ténès 1

Département de Constantine.

Bougie 2
Djidjelli 1

Philippeville 4
Bône 3
La Calle 2

Département d'Oran.

Mostaganem 2
Arzew 4
Oran 4
Nemours 1

XXIV.

RECEVEURS MUNICIPAUX.

Il est nommé un receveur municipal spécial pour la gestion financière de chaque commune dont le revenu s'élève à 50,000 francs, et au-dessus.

Les receveurs municipaux spéciaux sont nommés : par le ministre dans les communes dont le revenu est de 300,000 francs et au-dessus; — par le gouverneur général de l'Algérie, pour les communes d'un revenu inférieur à 300,000 francs. — Tout receveur une fois nommé, sera maintenu dans ses fonctions. lors même que, dans le cours de sa gestion le revenu de la commune descendrait au-dessous de 50,000 francs.

Chaque receveur municipal est nommé sur une liste de trois candidats votée par le conseil municipal au scrutin de liste.

Les cautionnements des receveurs municipaux de l'Algérie sont fixés ainsi qu'il suit.

Alger 47,000 francs.

Ténès 6,500; Blida 14,500; Médéa 11,100; Boufarik 7,000; Miliana 6,700.

Oran 23,600; Sétif 8,600; Bône 15,700; Guelma 7,400; Philippeville 1,200; Bougie 8,000.

Les receveurs municipaux sont rétribués au moyen

de remises proportionnelles, tant sur les recouvrements que sur les paiements par eux effectués pour le service communal.

Ces remises sont fixées, savoir; à 4 pour 100 sur les premiers 10,000 francs, tant sur les recettes que sur les dépenses ; à 3 pour 100 sur les 20,000 francs suivants ; à 2 1/2 pour 100 sur les 20,000 francs suivants : à 50 centimes pour 100 sur les sommes excédant 100,000 francs jusqu'à 1 million; à 0f,25 pour 100 sur les sommes excédant un million.

Il n'est alloué, en sus des allocations sus-désignées ni frais de bureau ni indemnités ou prestations d'aucune espèce.

Les comptes des receveurs municipaux sont définitivement apurés par les conseils de préfecture pour les communes dont le revenu est inférieur à 50,000 francs. Les comptes des receveurs des communes dont le revenu s'élève à 50,000 francs sont apurés par la cour des comptes, par l'intermédiaire du gouverneur général.

XXV.

INSTRUCTION PRIMAIRE.

Toute commune algérienne de plein exercice ou mixte est tenue d'entretenir une ou plusieurs écoles françaises publiques ouvertes gratuitement aux enfants européens et indigènes.

Le traitement du personnel enseignant est fixé ainsi qu'il suit :

1° Instituteurs titulaires........	1re classe...	2.100 fr.
	2e classe...	1.900
	3e classe...	1.700
	4e classe...	1.500
2° Institutrices titulaires.......	1re classe...	1.500
	2e classe...	1.300
	3e classe...	1.200
3° Instituteurs adjoints français.	1re classe...	1.500
	2e classe...	1.300
	3e classe...	1.200
4° Institutrices adjointes.......	1re classe...	1.100
	2e classe...	1.000

Le traitement est accru s'il y a lieu des suppléments suivants :

Une allocation mensuelle de 100 francs soumises à retenue est acquise à tout instituteur ou institutrice d'Algérie pour la possession de chacun des titres ci-après énumérés :

Brevet supérieur.

Certificat d'aptitude pédagogique.

Certificat d'aptitude au professorat des écoles normales.

Certificat d'aptitude à l'inspection.

La prime pour la connaissance de la langue arabe constitue également un supplément de traitement passible de retenue.

La possession de la médaille d'argent donne lieu à une indemnité viagère de 100 francs.

Le passage d'une classe à une autre est de droit, après cinq années d'exercice dans la classe inférieure; il peut avoir lieu au bout de trois années pour les instituteurs désignés comme les plus méritants par le comité des inspecteurs primaires réunis sous la présidence de l'inspecteur d'académie. Le nombre des promotions faites avant le délai de cinq ans ne peut dépasser chaque année, le tiers de l'effectif de la classe.

Dans le cas où la commune ne fournit pas le logement et le mobilier personnel aux instituteurs et aux institutrices, une indemnité représentative de ces avantages est fixée par le conseil municipal.

Les directrices et sous-directrices des écoles maternelles ou de classes enfantines, sont assimilées en ce qui concerne la nomination, le traitement et l'avancement, aux institutrices titulaires et aux institutrices adjointes. Elles ont droit aux mêmes allocations pour la possession des brevets ou certificats.

Les instituteurs et institutrices sont payés mensuellement sur un mandat délivré par le préfet.

Tout instituteur ou institutrice qui aura fait recevoir dix élèves à l'école normale ou dix indigènes au certificat d'étude, pourra obtenir la médaille d'argent, en dehors du contingent réglementaire, quelles que soient ses années de service et ses récompenses honorifiques antérieures.

XXVI.

ÉCOLE NORMALE D'INSTITUTEURS.

L'école normale primaire d'Alger reçoit trente élèves-maîtres boursiers, dont vingt français, et dix indigènes.

Le prix de la bourse est fixé à 600 francs.

Six bourses sont entretenues par le ministre de l'instruction publique; six par le gouverneur général de l'Algérie, et dix-huit par les trois départements.

L'école reçoit en outre des pensionnaires et des externes.

Le traitement des fonctionnaires de l'école est fixé comme suit :

Directeur	4.500 fr.
Aumônier	1.000
Iman	1.000
Maîtres-adjoints internes	2.400
Maîtres-adjoints chargés de l'école annexe	3.000
Professeurs d'arabe	2.000
Maître de chant	1.000
Maître d'agriculture	1.000
Maître de gymnastique	500

Pour être admis à l'école normale primaire d'Alger,

il faut avoir seize ans au 1ᵉʳ janvier de l'année de l'admission et vingt-deux au plus.

Le gouverneur général peut accorder des dispenses d'âge aux aspirants qui ne remplissent pas ces conditions.

———

XXVII.

PERSONNEL ENSEIGNANT DES MÉDREÇAS OU ÉCOLES SUPÉRIEURES MUSULMANES.

Les écoles musulmanes d'enseignement supérieur ont pour but de former des candidats aux emplois du culte musulman, de la justice et de l'instruction publique musulmanes.

Les écoles sont soumises à des inspecteurs. L'inspecteur ainsi que les professeurs, sont nommés par le gouverneur général.

Les traitements sont ainsi fixés :

Inspecteur des écoles musulmanes......	8.000 fr.
Frais de tournées..................	1.000
Directeurs de 1re classe...............	3.000
— 2e classe............	2.700
— 3e classe...............	2.400
Professeurs de 1re classe..............	1.800
— 2e classe..............	1.500

Le personnel de chacune des trois écoles se compose d'un directeur, et de cinq professeurs.

1° Un professeur de droit et de jurisprudence musulmane (Fok).

2° Un professeur de grammaire et de rhétorique arabe.

3° Un professeur de droit français.

4° Un professeur d'arithmétique, d'histoire et de géographie.

5° Un instituteur primaire, chargé de l'enseignement du français.

Le directeur est choisi autant que possible parmi les professeurs les plus méritants des trois médreças.

Il est logé dans la médreça.

PROFESSEURS.

Les professeurs des médreças sont nommés par le gouverneur général.

Un examen est toujours imposé aux candidats non pourvus de titres universitaires ou de fonctions établissant nettement leurs capacités.

Les professeurs peuvent être choisis parmi les employés civils ou militaires de l'Algérie, en activité de service, dans la localité où est situé la médreça. Dans ce cas, au lieu d'un traitement, ils touchent une indemnité de fonction égale au dit traitement.

Dans chaque médreça, le cours de français et confié à un instituteur primaire, choisi parmi les plus méritants de la localité.

Une indemnité de 600 à 800 francs est allouée annuellement à chacun de ces instituteurs qui sont répartis en trois classes, correspondant chacune à une allocation de 600, 700 ou 800 francs.

Le service sanitaire est assuré, près de chaque école, par un médecin militaire auquel il est alloué à cet effet une indemnité annuelle de 360 francs.

XXVIII.

ÉCOLES DES COMMUNES INDIGÈNES.

Les écoles des communes indigènes sont de deux sortes.

1° Écoles principales ou du centre dirigées par un instituteur français.

2° Écoles préparatoires ou de section confiées à des moniteurs indigènes.

Nous ne mentionnons ces écoles que pour parler des directeurs des écoles principales.

Le directeur de l'école principale est nommé par le gouverneur général sur la présentation du recteur.

Il doit remplir les conditions suivantes :

Être pourvu du brevet de capacité.

Être marié.

Avoir résidé deux ans au moins en Algérie.

Avoir obtenu la prime de la langue arabe.

S'engager à exercer pendant cinq ans au moins dans une commune indigène, sauf le cas de force majeure.

TRAITEMENT.

Le traitement de début est de 3,000 francs, avec augmentation annuelle de 100 francs.

À ce traitement peuvent s'ajouter les allocations

annuelles de 100 francs soumises à retenue, pour la possession de chacun des titres ci-après énumérés :

Brevet supérieur.

Certificat d'aptitude pédagogique.

Certificat d'aptitude au professorat des écoles normales.

Certificat d'aptitude à l'inspection.

La prime de langue arabe, 300 ou 500 francs est également sujette à la retenue.

Il a droit au logement avec jardin ou champ.

Il a droit, en outre, si la résidence l'exige, au nombre de prestations en nature que l'autorité militaire locale détermine pour assurer ses approvisionnements.

Il a droit, tous les deux ans à l'époque des vacances, au transport gratuit pour lui et sa famille sur un point quelconque de l'Algérie, ainsi qu'à l'autorisation de passage gratuit en France et au parcours à demi-tarif sur les chemins de fer français.

Il reçoit un supplément de traitement de 200 francs par an, passible de retenue, pour chaque école préparatoire, qu'il peut ouvrir sous la conduite d'un de ses élèves.

La mère, la femme, la fille ou la sœur de l'instituteur peut être chargée de la surveillance et du soin des plus jeunes enfants et recevoir à ce titre une allocation de 5 à 800 francs. Si elle est brevetée et peut diriger, un traitement de 1,500 francs susceptible d'augmentations annuelles de 100 francs.

XXIX.

ÉCOLE NATIONALE DES BEAUX-ARTS D'ALGER.

Cette école est instituée en vue de former les jeunes gens et les jeunes filles, à la pratique des arts, à l'enseignement du dessin et à l'exercice des industries relevant de l'art.

L'enseignement est gratuit.

Il comprend :

Le dessin linéaire et géométrique et la perspective.

Le dessin d'ornement, l'histoire et la composition d'ornement.

Le dessin de figure et l'anatomie.

L'architecture, les mathématiques et la construction.

La peinture.

La sculpture.

L'histoire de l'art et l'archéologie.

Des cours spéciaux pour les différentes applications des arts du dessin à l'industrie.

L'enseignement de l'école est divisé ainsi qu'il suit :

1re Division.

2me Division.

Division supérieure.

Cours spéciaux.

8

1re Division.

La première division comprend :

Le dessin linéaire et le dessin à main levée des figures géométriques et d'ornement au trait.

Le dessin d'après les solides géométriques et objets usuels.

Le dessin en géométral, l'étude pratique de la perspective et des ombres.

Le dessin élémentaire d'architecture.

Le lavis à teintes plates.

Le dessin d'après la bosse (ornement et figure).

2me Division.

Le deuxième division comprend :

Le dessin et la composition d'ornement, le cours d'histoire de l'ornement.

Le dessin d'architecture y compris les ordres et ordonnances.

Le dessin de la figure d'après l'antique.

Le cours d'anatomie.

Le cours d'histoire de l'art et d'archéologie.

Division supérieure.

La division supérieure comprend :

L'architecture.

Les cours de mathématiques et de construction.

La peinture.

La sculpture.

Aucun élève ne peut être admis dans une division supérieure s'il n'a été reconnu apte par le jury, à la suite d'un concours ou d'épreuves portant sur chacune des matières du programme d'enseignement de la division inférieure.

Concours.

Il est institué pour chacune des facultés de l'enseignement de l'école, un concours annuel qui se fait dans le dernier trimestre de l'année scolaire et donne lieu à des récompenses.

Il y a trois grands concours.

1° Pour l'architecture.

2° Pour la peinture.

3° Pour la sculpture.

Il est attribué à chaque concours annuel un premier prix, un second prix et deux accessits.

De même pour chacun des grands concours.

Il est institué un grand prix de l'école, décerné, au nom de M. le ministre des Beaux-Arts à l'élève qui aura obtenu le plus de nominations dont au moins un premier prix, soit dans les concours annuels de la division supérieure, soit dans les cours spéciaux.

Ce prix consiste en une médaille d'or.

Bourses.

Il est institué des bourses au profit des élèves qui se distinguent le plus à l'école. Un tiers de ces bourses est réservé, pour ceux ou celles des élèves qui se destinent à l'enseignement.

Nul ne peut y prétendre s'il n'est inscrit à l'école depuis une année au moins.

Nul ne peut en obtenir le renouvellement au delà de quatre ans.

XXX.

ÉCOLE DE DROIT D'ALGER.

L'école de droit d'Alger décerne les diplômes suivants :

1° La licence;

2° Le diplôme de bachelier en droit;

3° Le certificat de capacité;

4° Le certificat d'études de droit administratif et de coutumes indigènes.

5° Le certificat supérieur de législation algérienne et de coutumes indigènes.

CERTIFICAT D'ÉTUDES DE DROIT ADMINISTRATIF ET DE COUTUMES INDIGÈNES.

Nul ne peut être admis à l'examen pour l'obtention du certificat d'études de droit administratif et de coutumes indigènes :

1° S'il n'a dix-sept ans au moment de l'examen;

2° S'il ne justifie avoir suivi pendant deux années à l'école supérieure de droit d'Alger, les cours de droit administratif, de législation algérienne, de coutumes indigènes et s'il n'a pris huit inscriptions à cette école. Les licenciés en droit sont dispensés de l'examen de première année.

8,

Sont admis à se présenter pour ce diplôme.

1° Les Français pourvus soit d'un des baccalauréats, soit du certificat d'examen de grammaire, soit du brevet de capacité d'instituteur primaire, soit du diplôme d'études de l'enseignement secondaire spécial ;

2° Les indigènes qui ont reçu au lycée d'Alger l'enseignement du degré supérieur, constaté soit par un certificat du proviseur du lycée, soit par le certificat d'examen de grammaire.

3° Les indigènes pourvus du certificat d'études primaires.

4° Les indigènes qui ont subi devant une commission, nommée par le recteur, un examen écrit et un examen oral constatant une connaissance suffisante de la langue française.

1re *Année.*

L'enseignement de la première année comprend :
Les éléments du droit français civil et pénal ;
Le droit administratif;
L'économie politique.
L'examen de première année comprend trois interrogations sur les matières du cours.

2e *Année.*

L'enseignement de la deuxième année comprend :
La législation algérienne ;
Les coutumes indigènes.

L'examen de deuxième année comprend une épreuve écrite et une épreuve orale.

Nul n'est admis à l'épreuve orale si l'épreuve écrite n'a mérité au moins la note dix, le maximum étant vingt.

La durée de l'épreuve écrite est de quatre heures.

Elle consiste en une composition portant sur le programme du cours de 2e année.

L'épreuve orale porte également sur ce programme; elle consiste en trois interrogations, pour chacune desquelles il est attribué une note variant de 0 à 20.

Le minimum des points pour être admis est de 30.

L'examen de première année doit être subi après la quatrième inscription et avant la cinquième; l'examen de deuxième année après la huitième inscription.

A cet effet il est tenu deux sessions ordinaires à la fin et au commencement de l'année scolaire, en juillet et en novembre.

Aucun examen ne peut avoir lieu en dehors de ces sessions.

Tout étudiant doit, à moins d'une autorisation du recteur, qui n'est accordée que sur l'avis du directeur, et pour cause grave, subir l'examen de fin d'année à la session de juillet. Sont seuls admis à se présenter en novembre ceux qui ont été ajournés à la session de juillet ou autorisés à ne pas se présenter à cette session.

L'étudiant qui a été ajourné en novembre, soit pour la première, soit pour la seconde fois, est renvoyé à la fin de l'année scolaire avec suspension du cours des inscriptions.

Les étudiants qui n'ont passé l'examen de première année qu'à la session de novembre peuvent prendre leur cinquième inscription jusqu'au 15 novembre.

Le cours des inscriptions est suspendu pendant le temps passé sous les drapeaux dans l'armée active par les jeunes gens soumis au service d'une année.

CERTIFICAT SUPÉRIEUR D'ÉTUDES DE LÉGISLATION ALGÉRIENNE ET DE COUTUMES INDIGÈNES.

Nul ne peut être admis à cet examen supérieur s'il ne justifie du diplôme de licencié en droit ou du certificat d'études de droit administratif et de coutumes indigènes.

L'examen comprend une épreuve écrite et une épreuve orale.

Épreuve écrite.

L'épreuve écrite comprend deux compositions : l'une sur la législation algérienne, l'autre sur les coutumes indigènes.

La durée de chaque épreuve écrite est de quatre heures. Ces compositions sont appréciées par des chiffres variant de 0 à 20.

Un minimum de 25 points est nécessaire pour être admissible.

Examen oral.

L'examen oral comprend des interrogations :

Sur la législation algérienne ;

Sur les coutumes indigènes ;

Sur le droit musulman ;

Sur l'histoire et la géographie des musulmans et plus particulièrement de l'Afrique et l'Algérie ;

Sur les éléments de la langue arabe.

Chaque interrogation donne lieu à une note variant de 0 à 20.

Pour être admis le candidat doit avoir au minimum 50 points.

Les droits d'examen sont les mêmes que pour le certificat de capacité en droit.

XXXI.

ÉCOLE DES ARTS ET MÉTIERS DE DELLYS.

L'école de Dellys (département d'Alger) a pour but de former des ouvriers exercés et habiles, Français et indigènes, pour les principaux métiers qui emploient le bois et le fer.

Elle est placée sous la haute autorité du gouverneur général de l'Algérie et sous la surveillance du préfet du département d'Alger.

L'école reçoit des internes.

Le prix de la pension est fixé à quatre cents francs par an, payables par trimestre d'avance à une caisse publique.

Le prix du trousseau, fixé à deux cents francs, est également payable d'avance.

Les élèves portent un uniforme.

MODE ET CONDITIONS D'ADMISSION DES ÉLÈVES.

Nul candidat n'est admis à concourir :

1° S'il n'est fils de Français ou de naturalisé français, ou indigène né en Algérie ;

2° S'il ne justifie qu'il aura plus de 14 ans et moins de 17 ans au 1er octobre de l'année du concours.

Pour être admis au concours, tout candidat français ou indigène doit, avant le 30 juin, adresser une demande par écrit au préfet du département.

La demande doit être accompagnée des pièces suivantes :

1° Un extrait de l'acte de naissance du candidat ou un acte de notoriété en tenant lieu ; si le candidat est fils de naturalisé, il doit indiquer dans sa demande la date du décret de naturalisation de son père ;

2° Un certificat de médecin constatant que le candidat est de bonne constitution, et spécialement qu'il n'est atteint d'aucune maladie scrofuleuse ou autre analogue ;

3° Un certificat attestant que le candidat a été vacciné ou qu'il a eu la petite vérole.

4° Un certificat de bonne vie et mœurs délivré par l'autorité locale.

5° Un engagement sur papier timbré par lequel le père, ou la mère, ou le tuteur, suivant les cas, s'oblige à payer la pension, ainsi que 250 francs de trousseau et frais accessoires.

Les signatures des candidats et celle de l'engagement doivent être légalisées.

Les demandes de bourse sont également adressées au préfet.

Les connaissances exigées pour l'admission à l'école sont l'écriture française et l'arithmétique (les quatre règles, les fractions et le système métrique décimal).

Les candidats font sous les yeux des membres du jury d'examen une dictée à main posée et un problème d'arithmétique,

Entrée à l'école.

Les élèves admis doivent être rendus à l'école le 10 octobre ; tout élève qui n'est pas rendu à l'époque ci-dessus, est considéré comme démissionnaire, sauf les cas d'excuse légitime qui sont soumis à l'appréciation du gouverneur général.

De l'enseignement.

La durée des études est de trois ans.

Aucun élève ne peut faire une quatrième année que dans le cas de maladie ayant entraîné une suspension de travail de plus de six semaines, ou une absence d'égale durée pour un motif légitime.

L'enseignement donné dans l'école est théorique et surtout pratique.

Enseignement théorique.

L'enseignement théorique comprend :

La langue française,

La lecture et l'écriture,

La grammaire,

Des notions d'histoire et de géographie.

Des éléments de géométrie, de physique, de chimie et de mécanique.

Le dessin, le tracé des ouvrages exécutés dans les ateliers et la pratique des épures.

La comptabilité commerciale.

Enseignement pratique.

L'enseignement pratique correspondant aux métiers qui emploient le fer et le bois se donne dans les ateliers annexés à l'établissement.

Les élèves sont répartis pendant la durée de leurs études, dans chaque atelier, de façon à ce qu'ils puissent tout en fréquentant successivement chaque atelier, acquérir une habileté plus grande dans la spécialité qu'ils auraient choisie.

Le produit du travail exécuté dans les ateliers appartient à l'État.

TRAITEMENTS DU PERSONNEL DE L'ÉCOLE NATIONALE D'APPRENTISSAGE DE DELLYS.

1 Directeur chargé du cours de mathématiques..............	5.000 à 6.000 fr.
1 Agent-comptable............	2.600 à 3.500
1 Économe...................	1.500 à 2.100
1 Secrétaire de la direction......	1.200 à 1.800
1 Chef de travaux pratiques, professeur de mécanique, physique, chimie...................	3.500 à 4.000
2 chefs d'atelier..............	2.400 à 3.000
2 contre-maîtres..............	1.800 à 2.000
1 professeur de mathématiques adjoint...................	1.500 à 1.800
1 professeur de français,........	2.100 à 2.700
1 professeur de dessin.........	2.100 à 2.700

9

1 chef adjudant................ 1.500 à 2.100
2 adjudants................... 800 à 1.000
1 concierge vaguemestre........ 800 à 1.000

Le directeur et tous les professeurs sont nommés par le ministre.

Les fonctionnaires et employés sont nommés par le gouverneur général.

L'agent comptable est tenu de fournir un cautionnement de 1,500 francs.

XXXII.

ÉCOLE PRATIQUE D'AGRICULTURE
DE ROUIBA.

L'enseignement à cette école est à la fois théorique et pratique et donné conformément à un programme approprié aux besoins de la région.

La durée des études est de deux ans.

L'école ne reçoit que des élèves internes dont le nombre est fixé à vingt-cinq par années d'études.

Ils ne sont admis qu'après examen, sauf les excep-ions indiquées plus loin.

Ils doivent être âgés au moins de quatorze ans et de dix-huit ans au plus, à l'époque de leur admission.

PRIX DE LA PENSION.

Le prix de la pension est fixé à 600 fr. par an.

Une somme de 3,600 fr. est imputée chaque année sur le budget de l'État, pour l'entretien de six élèves boursiers.

Sept autres bourses sont attribuées sur les fonds départementaux par le conseil général d'Alger.

Une dernière bourse, créée par le conseil municipal de Rouïba est attribuée par le dit conseil.

CERTIFICAT D'INSTRUCTION ET RÉCOMPENSES.

Les élèves qui, après avoir régulièrement accompli le temps de leurs études, ont satisfait aux examens de sortie, reçoivent un certificat d'instruction délivré au nom du Ministre.

Des médailles d'or, d'argent et de bronze peuvent être décernées par le ministre aux élèves classés les premiers.

Le personnel administratif et enseignant se compose de :

1° Un directeur;

2° Un sous-directeur, professeur d'agriculture, d'économie rurale et de machines agricoles;

3° Un professeur de physique et de chimie;

4° Un maître surveillant, chargé de la langue française et des sciences naturelles (géologie, zoologie, botanique);

5° Un maître surveillant comptable, chargé de l'enseignement de la comptabilité et des mathématiques appliquées (arpentage, levé des plans);

6° Un chef de pratique agricole;

7° Un vétérinaire professeur de zootechnie et d'art vétérinaire;

8° Un chef de pratique horticole;

9° Un instructeur militaire.

TRAITEMENTS.

Les allocations afférentes à ces divers emplois sont

prélevées sur les fonds de l'État et fixées de la manière suivante :

Directeur de 1re classe...............	6.000 fr.
— 2e classe	5.000
Sous-directeur de 1re classe..........	5.000
— 2e classe..........	4.000
Professeur de 1re classe...............	2.400
— 2e classe...............	2.000
Maître surveillant de 1re classe........	2.400
— 2e classe........	2.000
Chef de pratique de 1re classe..........	1.800
— 2e classe..........	1.500
Vétérinaire de 1re classe..............	1.800
— 2e classe..............	1.500
Instructeur militaire.................	300

La nomination du personnel appartient au Ministre.

CONCOURS D'ADMISSION ET DES BOURSES.

Le concours pour l'admission des élèves et pour l'attribution des bourses porte sur les matières suivantes :

1° Langue française ;

2° Arithmétique et système métrique ;

3° Histoire et géographie de la France, de l'Algérie et des Colonies.

Il est tenu compte aux candidats des connaissances qu'ils peuvent avoir en géométrie, sciences naturelles et langues vivantes, qui ne sont pas exigées pour l'examen.

Les élèves payants pourvus d'un diplôme de bachelier, ou d'un diplôme de l'enseignement primaire sont dispensés des épreuves d'entrée.

Cependant tous les aspirants aux bourses, sans distinction, doivent prendre part au concours.

DATE DES EXAMENS.

Un arrêté préfectoral indique un mois à l'avance la date des examens d'entrée et les principales conditions de régime de l'école.

PIÈCES A FOURNIR.

Les pièces à fournir par les candidats sont :

1° Lettre des parents demandant l'admission à l'examen ou au concours pour les bourses (sur timbre) ;

2° Engagement du père de famille ou d'un répondant d'acquitter régulièrement le prix de la pension ;

3° Acte de naissance ;

4° Certificat de vaccination ;

5° Pour les candidats aux bourses, délibération du conseil municipal de la commune, où réside la famille, constatant l'état de ses ressources et de ses charges.

Les diplômes ou brevets doivent être joints aux demandes.

Toutes ces pièces doivent être adressées au préfet d'Alger, dix jours au moins avant l'ouverture des examens.

XXXIII.

LANGUE ARABE.

L'école préparatoire des lettres d'Alger délivre :
1° Brevet de langue arabe ;
2° Un diplôme de langue arabe.

1° BREVET DE LANGUE ARABE.

Nul ne peut être admis à l'examen pour l'obtention du brevet de langue arabe, s'il n'est âgé de dix-sept ans accomplis au moment de l'examen.

L'examen pour l'obtention du brevet de langue arabe comprend trois épreuves écrites et trois épreuves orales.

Épreuves écrites.

Les épreuves écrites consistent en un thème et deux versions. L'une des versions est choisie dans un ouvrage facile de littérature ; l'autre parmi les lettres ou actes usuels. La durée de chaque épreuve écrite est fixée à trois heures.

Nul n'est admis à l'examen oral s'il n'a mérité à l'examen écrit un minimum de 30 points, chaque épreuve donne lieu à une note qui varie de 0 à 20.

Examen oral.

L'examen oral comprend :

1° Des interrogations sur la langue arabe parlée ;

2° La lecture et l'explication d'un texte facile d'histoire ou de littérature avec analyse des formes grammaticales ;

3° La lecture et l'explication d'une lettre ou d'un acte manuscrits.

La durée totale de l'examen est d'une heure.

Chaque interrogation donne lieu à une note variant de 0 à 20.

Le minimum des points pour être admis est de 30.

La nullité sur une des matières entraîne l'ajournement.

2° DIPLOME DE LANGUE ARABE.

Sont admis à s'inscrire pour le diplôme :

1° Les candidats européens et indigènes, qui sont pourvus, soit d'un baccalauréat, soit du diplôme de l'enseignement secondaire spécial, soit d'un certificat d'examen de grammaire, soit du brevet de capacité d'instituteur primaire ;

2° Les indigènes qui ont subi devant une commission nommée par le recteur un examen oral constatant une connaissance suffisante de la langue française.

Les candidats doivent justifier du brevet de langue

arabe et avoir suivi pendant un an les cours de langue et de littérature arabe à l'école des lettres d'Alger.

Les interprètes judiciaires et militaires sont dispensés de la production d'un de ces titres.

L'examen comprend trois épreuves écrites et quatre épreuves orales.

Épreuves écrites.

Traduction en français d'un jugement arabe,
Une narration en arabe sur un sujet simple,
Traduction en arabe d'un texte français.
La durée de chaque composition est de trois heures.

Examen oral.

Lecture et explication d'un texte arabe de droit.
Analyse grammaticale d'un texte arabe.
Exercice d'interprétation français et inversement.
Notions sur la géographie et l'histoire de l'Afrique septentrionale, la géographie et l'histoire de l'Algérie depuis le début du seizième siècle.

Les examens ont lieu chaque année, du 20 au 30 juin, et du 1er au 15 décembre.

DROITS D'EXAMEN.

1° *Brevet.*

Droits d'examen.................... 15 fr.
Droits du visa du brevet.......... 10

9.

2° *Diplôme*.

Droits d'examen................... 30 fr.
Droits de diplôme............... 20

Ces versements doivent être effectués au moment de l'inscription.

———

XXXIV.

ÉCOLES DE LA MÉTROPOLE.

Les écoles spéciales de la Métropole sont ouvertes aux Algériens, Français ou Indigènes.

Citons parmi ces écoles :

L'École polytechnique,
L'École normale supérieure,
L'École spéciale militaire de Saint-Cyr,
L'École navale de Brest,
L'École centrale des Arts et Manufactures,
L'École des chartes,
L'École des langues orientales vivantes,
L'École forestière de Nancy,
L'École d'application de Fontainebleau,
L'École des ponts et chaussées,
L'École des mines,
L'École des mineurs de Saint-Étienne,
L'École des hautes études (scientifiques),
L'École des hautes études commerciales,
L'Institut agronomique,
Les écoles vétérinaires,
Les écoles d'agriculture, de Grignon, de Montpellier,
Les écoles des arts-et-métiers d'Aix, Châlons et Angers,

L'École supérieure de télégraphie.

L'école normale secondaire de Cluny.

Nous renverrons, pour ces différentes écoles, à l'excellent ouvrage *Les grandes écoles de France*, de M. Mortimer d'Ocagne, où le lecteur trouvera des renseignements précis, dans des articles savamment étudiés.

———

XXXV.

PERSONNEL DU SERVICE DES PRISONS CIVILES.

Le cadre du personnel supérieur des maisons centrales de l'Harrach, et de Lambessa, et celui des maisons d'arrêt et de justice d'Alger, d'Oran et de Constantine, sont fixés comme suit :

Maisons centrales de l'Harrach et de Lambessa.

> Un directeur,
> Un inspecteur,
> Un greffier,
> Un gardien-chef.

*Maisons d'arrêt et de justice d'Alger, d'Oran
et de Constantine.*

> Un directeur,
> Un greffier,
> Un aumônier externe,
> Un gardien-chef.

Le nombre des gardiens ordinaires des maisons d'arrêt et de justice ne peut dépasser la proportion d'un gardien pour trente détenus.

Les directeurs et inspecteurs des établissements ci-dessus désignés sont nommés et révoqués par le gouverneur général.

Tous les autres employés ou agents sont nommés et révoqués par les préfets.

Les traitements des directeurs, inspecteurs, greffiers, aumôniers, sont fixés comme suit, savoir :

Maisons centrales de l'Harrach et de Lambessa.

Directeur de 1re classe...............	3.500 fr.
— 2e classe	3.000
— 3e class	2.500
Inspecteurs.......................	2.000
Greffiers de 1re classe............	1.800
— 2e classe...............	1.500

Maisons d'arrêt et de justice d'Alger, d'Oran et de Constantine.

Directeur de 1re classe	2.400 fr.
— 2e classe	2.000
Greffier de 1re classe	1.500
— 2e classe	1.200
Aumônier	600

Indépendamment de leurs traitements fixes, les employés et agents dont il s'agit conservent les diverses allocations, prestations et indemnités déterminées par les règlements de la métropole.

PERSONNEL DES PRISONS.

Les maisons d'arrêt, de justice et de correction situées aux chefs-lieux de préfecture (Alger, Oran, Constantine) sont administrés par des directeurs; celles des arrondissements administratifs, par des gardiens-chefs.

Les premiers sont nommés par le gouverneur général; les seconds par les préfets, qui nomment également les gardiens ordinaires et autres agents d'administration et de surveillance; il est rendu compte de ces nominations au gouverneur général.

Les traitements des gardiens-chefs chargés de l'administration des maisons d'arrêt, de justice et de correction des arrondissements, sont fixés ainsi qu'il suit :

1re class	1.500 fr.
2e classe	1.200

XXXVI.

PERSONNEL DES PORTS DE COMMERCE.

Les agents spéciaux préposés à la police des ports de commerce sont classés ainsi qu'il suit :

Capitaines de port,

Lieutenants de port,

Maîtres de port.

Les capitaines et lieutenants de port sont placés dans les ports de commerce les plus importants; ils peuvent être secondés par un ou plusieurs maîtres de port.

Les maîtres de port ne sont placés isolément que dans les ports, criques et havres d'un ordre inférieur.

Les traitements en Algérie de ces agents sont fixés ainsi qu'il suit :

Capitaines de port de 1re classe.....	3.750 fr.
— 2e classe.....	3.125
Lieutenants de port de 1re classe...	2.500
— 2e classe...	1.875
Maîtres de port de 1re classe.......	1.250
— 2e classe	1.000
— 3e classe	875
— 4e classe	250 à 750

Il est également alloué aux officiers et maîtres de

port une indemnité de logement et des frais de bureau, réglés chaque année par l'administration supérieure.

Outre les traitements ci-dessus fixés, les officiers et maîtres de port reçoivent les allocations dont la perception serait autorisée par la loi annuelle des Finances et qui leur seraient accordées en vertu des règlements particuliers des ports; ils reçoivent aussi les rétributions qui leur seraient allouées par les chambres de commerce ou les communes, pour supplément de traitement, indemnités de logement, à titre d'agent de perception, etc., soit par l'autorité chargée de la police sanitaire, lorsqu'ils sont appelés à remplir les fonctions d'agents sanitaires.

Ils reçoivent également des honoraires :

1° Lorsqu'ils sont désignés pour des arbitrages par l'autorité compétente ;

2° Lorsque sur la demande des particuliers, ou dans un intérêt privé, ils sont chargés de visiter les navires en partance.

Il est interdit aux officiers et maîtres de port de prendre aucun intérêt dans les entreprises et opérations qu'ils sont appelés à contrôler.

Les candidats à l'emploi d'officier ou de maître de port doivent être âgés de trente ans au moins et de soixante au plus, et satisfaire à l'une des conditions suivantes.

Pour l'emploi de capitaine de port :

1° Avoir servi comme officier dans la marine de l'État ;

2° Avoir commandé pendant cinq ans au moins comme capitaine au long cours.

Pour l'emploi de lieutenant de port.

Remplir les mêmes conditions que celles exigées pour être capitaine de port, ou avoir servi pendant quatre ans au moins comme maître de port de 1re classe.

Pour l'emploi de maître de port :

1° Avoir servi comme maître de port à bord des bâtiments de l'État, et justifier de dix ans de navigation effective ;

2° Avoir commandé pendant cinq ans au moins comme maître de cabotage ;

3° Avoir cinq ans de services comme pilote breveté.

Les officiers de port sont nommés et révoqués par décret du chef de l'État, sur la proposition du ministre de l'agriculture et du commerce.

Les maîtres de port sont nommés et révoqués par le Ministre.

Les avancements de classe sont conférés par le Ministre.

L'avancement à une classe ne peut avoir lieu qu'après deux années passées dans la classe immédiatement inférieure.

Les lieutenants de 2e classe sont pris pour un tiers au moins, parmi les maîtres de port de 1re classe, ayant au moins quatre ans de services en cette qualité.

Les officiers et les maîtres de port sont chargés de veiller à la propreté et à la sûreté matérielle des rades, des passes navigables, des ports, bassins, quais et autres ouvrages qui en font partie.

Ils exercent, en outre, la police sur les ports et toutes leurs dépendances ; ils l'exercent également sur les rades et dans les passes navigables, mais uniquement en ce qui concerne la propreté et la sûreté matérielle, ainsi que le placement des bouées, balises et feux flottants.

Ils sont assermentés devant le tribunal de première instance du lieu de leur résidence.

Ils sont chargés de la surveillance des pilotes et de la police de pilotage dans les ports où il n'existe ni officier militaire, directeur des mouvements, ni agent spécial de l'autorité maritime.

XXXVII.

SERVICE DES PHARES ET FANAUX.

Le personnel des agents du service des phares et fanaux en Algérie, se compose de maîtres de phare et de gardiens.

Le traitement des maîtres de phares est fixé à 1,400 francs.

Les gardiens sont divisés en six classes pour lesquelles le traitement annuel est fixé comme il suit :

1re classe...................	1.200 fr.
2e classe...................	1.080
3e classe...................	960
4e classe...................	840
5e classe...................	720
6e classe...................	600

Ces traitements, non susceptibles d'augmentation à titre de supplément colonial, sont soumis à une retenue de 5%, pour laquelle ces agents ont droit à des pensions de retraite (1).

Le personnel est placé sous les ordres des ingénieurs et conducteurs des ponts-et-chaussées.

(1) Il est, en outre, alloué à chaque maître ou gardien de phare, une certaine quantité de bois de chauffage ou de charbon de terre.

Les maîtres et les gardiens des phares isolés en mer, reçoivent des indemnités pour vivres de mer.

Les gardiens sont nommés par le préfet du département, sur la proposition de l'ingénieur en chef.

Ils sont choisis de préférence parmi les anciens militaires de terre et de mer.

Pour être nommé maître ou gardien de phare, il faut :

1° Être Français et âgé de vingt et un ans au moins et de quarante ans au plus.

2° N'être atteint d'aucune infirmité qui s'oppose à un service actif et journalier.

3° Savoir lire et écrire; et posséder les premiers éléments de l'arithmétique.

Chaque année, sur la proposition de l'ingénieur en chef, il peut être accordé, par le préfet, aux gardiens les plus méritants, une gratification n'excédant pas un mois de traitement.

L'uniforme des maîtres et gardiens de phares est le suivant :

1° Pour les maîtres de phares :

Tunique en drap bleu, à collet renversé, orné de chaque côté d'une étoile brodée en or;

Casquette en drap bleu, avec une ancre surmontée d'une étoile brodée en or.

Gilet de drap bleu en hiver et de coton blanc pendant l'été.

Boutons de la tunique et du gilet en cuivre doré, portant les mots : maître de phare.

Pantalon de drap bleu en hiver et de toile écrue en été.

2° Pour les chefs-gardiens et les gardiens :

Costume de marin, étoile en soie jaune ou laine jaune sur le collet.

Chapeau de marin en cuir bouilli avec ancre surmontée d'une étoile et les mots : chef-gardien de phare ou gardien de phare, peints en blanc.

———

XXXVIII.

VÉTÉRINAIRES.

Nul ne peut prendre, en Algérie, le titre de médecin vétérinaire, s'il n'est breveté par l'une des écoles vétérinaires de France.

Ne peuvent prétendre à un emploi dans le service public que les vétérinaires brevetés.

Ils jouissent à cet effet d'une indemnité de 1,200 francs par an prise sur les fonds du budget départemental.

Il existe des vétérinaires départementaux pour lesquels les conseils généraux votent des subventions annuelles.

XXXIX.

EMPLOIS RÉSERVÉS DANS LE GOUVERNE-MENT AUX ANCIENS SOUS-OFFICIERS DES ARMÉES DE TERRE ET DE MER.

Administration centrale. — 3e catégorie : commis. Belle écriture, dictée, rédaction française, arithmétique élémentaire, géographie de la France et de l'Algérie. Limite d'âge; 36 ans.

La moitié des emplois. — 4e catégorie : huissiers, concierges, garçons de bureau. Bonne tenue; 36 ans; totalité.

Administration départementale et cantonale. — 3e catégorie : commis. Mêmes conditions que pour les commis de l'administration centrale; 36 ans; la moitié. — 4e catégorie : huissiers, garçons de bureau. Bonne tenue; 36 ans; totalité.

Prisons. — 4e catégorie : maisons centrales, gardiens, concierges, santé robuste; 36 ans; les trois quarts. — 4e catégorie : prisons civiles, gardiens-chefs. Santé robuste; 36 ans; la moitié.

Télégraphie. — 1re catégorie : employés. Mêmes conditions que pour les employés du télégraphe en

France; 33 ans; la moitié. — 3ᵉ catégorie : chefs surveillants. Mêmes conditions que pour les chefs surveillants en France, et savoir monter à cheval; 36 ans; totalité. — 4ᵉ catégorie : surveillants. Mêmes conditions que pour les surveillants du télégraphe en France, et savoir monter à cheval; 36 ans; les trois quarts.

Enregistrement. — 4ᵉ catégorie : timbreurs, tourne-feuilles; 36 ans; totalité.

Contributions diverses. — 2ᵉ catégorie : réparti-teurs, connaître la comptabilité, parler l'arabe et avoir des notions d'arpentage (préférence aux sous-officiers du génie ou de l'artillerie); 36 ans; les trois quarts.

Forêts. — 3ᵉ catégorie : gardes actifs et séden-taires. Mêmes conditions que pour les gardes fores-tiers dans la métropole; la préférence est donnée aux sous-officiers de cavalerie; 36 ans; les trois quarts.

Postes. — 3ᵉ catégorie : receveurs de bureaux; 36 ans; le tiers. — 3ᵉ catégorie : commis ordinaires; 36 ans; les deux tiers. — 4ᵉ catégorie : brigadiers-facteurs; 36 ans; les deux tiers.

Poids et mesures. — 1ʳᵉ catégorie : vérificateurs. Mêmes conditions qu'en France; 36 ans; le quart.

Service sanitaire. — 3ᵉ catégorie : capitaine de santé; être capable de rédiger un rapport; 36 ans.

10

Travaux publics. — 1ʳᵉ catégorie : conducteurs des ponts et chaussées. Mêmes conditions que dans la métropole; 36 ans; la moitié. — 4ᵉ catégorie : agents secondaires. Enseignement primaire; un peu de dessin et d'arithmétique; 36 ans; les deux tiers.

Mines et forages. — 1ʳᵉ catégorie : gardes-mines. Mêmes conditions qu'en France; la moitié.

Phares. — 4ᵉ catégorie : gardiens de phares et fanaux; 36 ans; totalité.

Police. — 3ᵉ catégorie : police centrale d'Alger (inspecteur et sous-inspecteurs). Santé robuste; 36 ans; la moitié. — 4ᵉ catégorie : agents français. Santé robuste; 36 ans; la moitié.

X L.

RANGS DES PRÉSÉANCES POUR LES VISITES OFFICIELLES.

Les préséances sont établies en Algérie par arrêté du 21 avril 1865.

1° Conseil de gouvernement prenant place derrière le gouverneur pendant la durée des réceptions.

2° MM. les consuls des puissances étrangères;

3° La cour d'appel;

L'archevêque et son clergé;

Le préfet et le secrétaire général de la préfecture;

Le conseil de préfecture, et avant lui le conseil général;

Le tribunal de première instance;

Le corps municipal;

Les sous-préfets du département;

Les administrateurs;

Les maires et les corps municipaux du département;

Le corps de l'académie (recteur, inspecteur, conseil académique);

Le tribunal de commerce;

La chambre de commerce;

Le consistoire des églises protestantes;

Le consistoire israélite;

Les juges de paix;

Les commissaires de police;

Les membres des tribunaux musulmans;

4° Les membres de l'inspection des finances;

Les membres des corps des ponts et chaussées et des mines;

Les fonctionnaires des postes et télégraphes;

Les chefs et agents supérieurs des services suivants:

De l'enregistrement et des domaines;

Des forêts;

Des douanes;

Des tabacs;

Des contributions diverses;

L'architecte en chef des édifices diocésains;

5° Le directeur et les professeurs de l'École préparatoire de médecine et de pharmacie;

Le proviseur et les professeurs du lycée;

Le conservateur de la bibliothèque et du musée;

Le professeur à la chaire publique arabe;

L'inspecteur de l'instruction primaire;

6° La chambre consultative d'agriculture;

Les administrateurs des hospices. Les médecins et chirurgiens en chef;

Les présidents des sociétés de secours mutuels;

Les administrateurs des bureaux de bienfaisance;

Les administrateurs de la caisse d'épargne;

Les administrateurs et le directeur du mont-de-piété;

7° Le bâtonnier de l'ordre des avocats;

La chambre des défenseurs près la cour d'appel:

La chambre des défenseurs près le tribunal de 1ʳᵉ instance;

Le syndic des notaires;

Le doyen des commissaires-priseurs;

La chambre syndicale des courtiers de commerce;

8° Le directeur et le conseil de la banque;

Le directeur du Crédit foncier;

La société d'agriculture;

9° Les chefs et sous-chefs du gouvernement général;

L'inspecteur du service topographique;

L'inspecteur central des établissements de bienfaisance;

L'inspecteur des prisons civiles;

Le directeur de l'observatoire;

Le directeur du jardin d'acclimatation;

L'inspecteur des écoles musulmanes;

Le directeur de la médreça d'Alger;

10° Les chefs et sous-chefs des bureaux de la préfecture;

Les agents du service topographique;

Les médecins de colonisation (de passage).

Le directeur de la santé;

Le vérificateur des poids et mesures;

Les imans, cheiks, amins et autres fonctionnaires indigènes.

FIN.

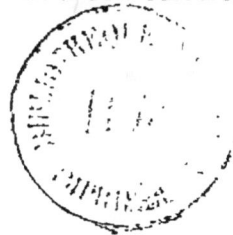

TABLE DES MATIÈRES.

FIN DE LA TABLE.

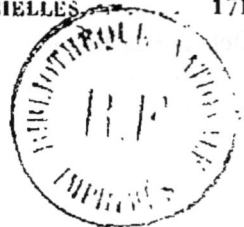

CHALLAMEL & Cie, Éditeurs. — Librairie coloniale, 5, rue Jacob, Paris.

L'Algérie et les questions algériennes. Étude historique, statistique et économique, par Ernest MERCIER (2e édition). — 1 volume in-8. 5 fr.

Les Français dans le désert, journal d'une expédition aux limites du Sahara algérien, par M. le colonel TRUMELET. — In-8, 2e édition, ornée de cartes et plans.......................... 7 fr. 50

L'Oued-Rir et la colonisation française au Sahara, par M. G. ROLLAND, ingénieur au corps des Mines, avec figures intercalées dans le texte. — Brochure in-8.................. 2 fr.

Le chemin de fer de Biskra-Tongourt-Ouargla, par M. G. Rolland, avec cartes intercalées dans le texte, brochure in-8............ 1 fr.

Le Tracé central du chemin de fer transsaharien, par le général COLONIEU. Brochure in 8, avec carte................. 2 fr.

L'Afrique du Nord et la politique coloniale, notes et croquis d'un officier de Marine, par Louis SAY. — Un vol. in-4, orné de gravures........................... 3 fr.

La Colonisation officielle en Algérie. Des essais tentés depuis la conquête et de la situation actuelle, par le comte d'HAUSSONVILLE, membre de l'Académie française. — Brochure in-8.................... 1 fr.

Le Fermage des autruches en Algérie (incubation artificielle), par Jules OUDOT, ingénieur. — In-8, avec planches................. 7 fr.

Les Plantes textiles algériennes. Histoire d'une botte d'alfa, par H. JUS, ingénieur civil. — Brochure in-8................ 2 fr.

La Pâte d'alfa, sa fabrication, son avenir, par Édouard BUCHSVALDER, ingénieur civil. Brochure in-8...... .... 1 fr. 25

Manuel du vigneron en Algérie et en Tunisie, par B. GAILLARDON, négociant en vins, rédacteur au Moniteur agricole, membre de la Société climatologique d'Alger, de la Société d'agriculture de Constantine. — In-18........................... 2 fr. 50

L'Algérie et la Tunisie agricoles. Étude pratique sur le sol, le climat, les cultures diverses, par LEROY, agriculteur. — In-18.. 2 fr. 75

La Tunisie. Géographie, événements de 1881, organisation politique, administrative, judiciaire, etc., par Amédée RIVIÈRE. — In-18. 2 fr.

Voyage dans le sud de la Tunisie, par Valéry MAYET, membre de la mission scientifique d'exploration de la Tunisie. — In-18, 2e édition, avec carte........................ 3 fr. 50

La Découverte du bassin hydrographique de la Tunisie centrale et l'emplacement de l'ancien lac Triton, par le docteur ROUIRE, membre de la Mission de l'Exploration scientifique de la Tunisie. — In-8, avec 9 cartes.................... 5 fr.

Le Triton dans l'antiquité et à l'époque actuelle. (Réponse à la brochure de M. Rouire) par A. Du Paty de Clam, avec 7 planches. 2 fr. 50

La Tripolitaine et la Tunisie, avec les renseignements indispensables au voyageur, par Léon de BISSON. — In-18........ 1 fr. 50

Voyage à Ségou, 1878-1879, fait par Paul SOLEILLET et rédigé d'après ses notes et journaux, par Gabriel GRAVIER. — Un volume grand in-8 avec portrait........................ 7 fr. 50

De Mogador à Biskra; Maroc et Algérie, par Jules LECLERCQ. — Un volume in-18, avec carte...................... 3 fr. 50

Le Maroc moderne, par Jules ERCKMANN, capitaine d'artillerie, ancien chef de la Mission militaire française au Maroc. — In-8 avec carte et 6 planches........................... 7 fr.

Reconnaissance au Maroc, par le vicomte Ch. de FOUCAULT, ouvrage illustré de 4 photogravures et de 101 dessins d'après les croquis de l'auteur, un beau volume grand in-4°, accompagné d'un atlas de 22 planches gravées. — Les deux volumes reliés toile............ 50 fr.

TYPOGRAPHIE FIRMIN-DIDOT. — MESNIL (EURE).

www.ingramcontent.com/pod-product-compliance
Lightning Source LLC
Chambersburg PA
CBHW072031080426
42733CB00010B/1850